新领导力

|互联网时代下领导力打造策略|

张国银 [著]

中国财富出版社

图书在版编目（CIP）数据

新领导力：互联网时代下领导力打造策略／张国银著．—北京：中国财富出版社，2016.8

ISBN 978－7－5047－6225－2

Ⅰ.①新…　Ⅱ.①张…　Ⅲ.①企业领导学　Ⅳ.①F272.91

中国版本图书馆 CIP 数据核字（2016）第 177532 号

策划编辑　黄　华　　**责任编辑**　单元花
责任印制　方朋远　　**责任校对**　杨小静　张营营　　**责任发行**　邢有涛

出版发行　中国财富出版社
社　　址　北京市丰台区南四环西路 188 号 5 区 20 楼　**邮政编码**　100070
电　　话　010－52227568（发行部）　010－52227588 转 307（总编室）
010－68589540（读者服务部）　010－52227588 转 305（质检部）
网　　址　http：//www.cfpress.com.cn
经　　销　新华书店
印　　刷　北京京都六环印刷厂
书　　号　ISBN 978－7－5047－6225－2/F・2634
开　　本　710mm×1000mm　1/16　　**版　　次**　2016 年 8 月第 1 版
印　　张　12.25　　**印　　次**　2016 年 8 月第 1 次印刷
字　　数　164 千字　　**定　　价**　35.00 元

前　言

互联网时代下，互联网企业需要什么样的领导力

以前的很多关于领导力的理念及技巧和工具等都是基于工业时代的研究成果，现在时代变了，领导力也需要变，因此原来所学已经无法适应移动互联网时代的领导力要求了。那么在互联网时代，互联网企业到底需要什么样的领导力？想要研究移动互联网时代企业对领导力的要求，从移动互联网企业开始研究是个比较好的切入点，因为移动互联网企业最先感受到移动互联网的冲击，其管理者必须用适合移动互联网特点的领导力才能带好团队。事实上，这个时代背景下的切入点正是本书的缘起。

互联网企业指的是企业的核心产品和发展方向都是基于互联网的。在互联网时代，无论是作为用户、客户还是员工，新时代中的人正在以新的特点、更大的能量深刻地改变着企业，因此，对企业家领导力的要求需要重新定义，领导力的修炼方式也需要进行相应的调整。也就是说，互联网企业必须打造能够适应互联网时代和互联网技术的领导力。这是时代所需，更是互联网企业发展所需。

对于互联网企业所需要的领导力，本书给出了一个完整的路径：第一，要研究移动互联网时代企业领导力的变革，明确移动互联网时代企业家的新任务，并重新定义移动互联网时代的领导力；第二，要分析互联网企业领导力不足的问题，找出原因，以便从根本上提升企业领导

力；第三，要熟悉互联网创业者的领导力框架，包括思想领导力、人才领导力、业务领导力、组织领导力、自我领导力等；第四，要做好互联网企业的人力资本管理，把好招聘关，加强人才培养，合理设计薪酬体系，充分发挥福利措施的激励作用，实施“沟通式”绩效管理；第五，要学习互联网企业的教练领导力，熟知教练型领导力的原理及其应用，注重通过教练提升领导力，注重用互联网思维提升领导力；第六，要研究互联网企业的“灰度领导力”，包括愿景领导力、跨界领导力、竞合领导力、融合领导力、真实领导力等；第七，要见贤思齐，通过研究互联网企业打造领导力的经典案例，学习成功经验，改进管理方式，最后让领导力成为品牌。

领导者很重要，领导力更重要，而适应时代的新领导力则是最重要的。按照本书提供的路径和方法去做，可以让你的理念转化为行动，并坚持到底，从而让你成为更卓越的领导者。

作　者

2015 年 12 月

目　录

CONTENTS

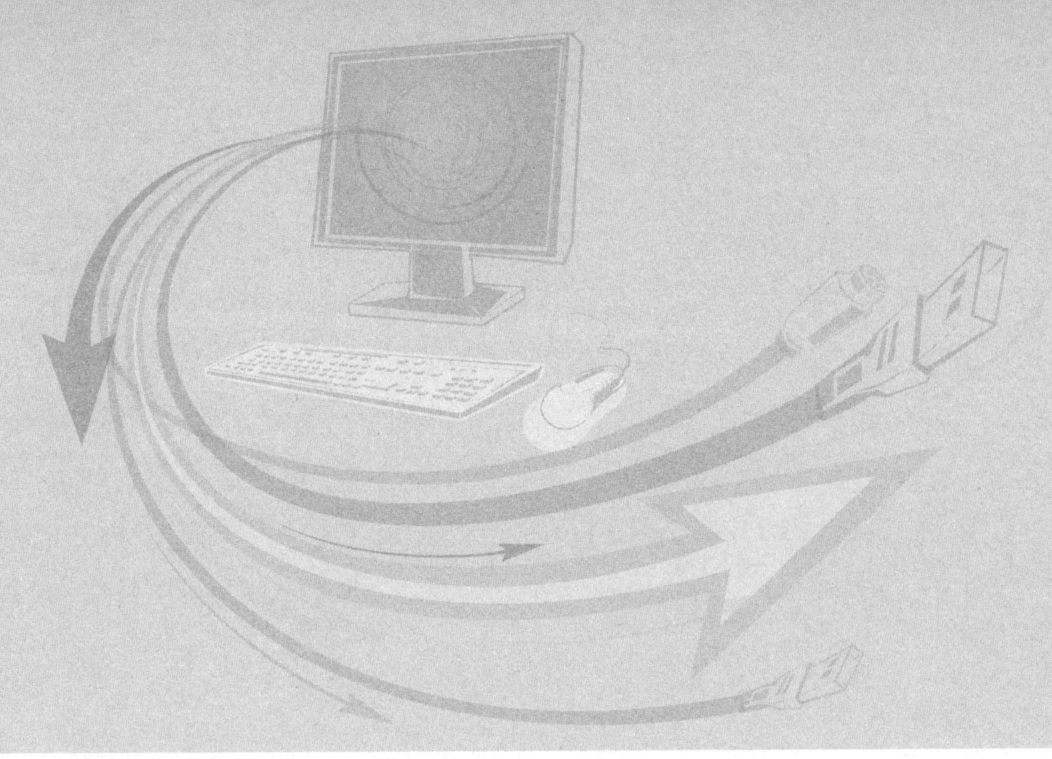

第一章

移动互联网时代的企业领导力

移动互联网已经颠覆了很多旧的商业模式，正在重新塑造新的商业模式。当商业模式发生变化时，必然要求企业的组织架构以及管理理念都要做出相应的变化，进而会引发企业对人才，尤其是管理者的能力，特别是领导力要求的变化。企业需要对领导力进行变革，需要明确移动互联网时代企业家的新任务，重新定义移动互联网时代的领导力，实现企业组织扁平化并提升与之相适应的领导力，以发挥其在新组织中的作用。

移动互联网时代企业领导力的变革

企业在发展过程中，由于常常对于外界环境的剧烈变动而呈现出不适，以至于陷入演进的迷失之中。这种“迷失”是企业在变革期的一种普遍状态，其原因有二：一是企业对于过去成功的商业模式保有足够的迷恋，而往往忽视了这种商业模式在新的环境下可能已经走向没落；二是企业对于新型商业模式的信心不足，在相当长的时间持观望的态度，在迷失中错失商业模式调整的良机。

在快速发展变化的移动互联网时代，企业不能再受制于“迷失”，必须走出幻想，积极地推行变革。变革的主旨在于，必须时刻保持敢于冒险的企业家精神，特别是面临整个盈利系统受到冲击颠覆的情况下，需要大胆地尝试新型商业模式，改变整个盈利系统的设计，以此适应商业环境变化的挑战。具体来说，企业需要从以下几个大的方面入手变革领导力。

1. 变革企业文化

移动互联网时代企业领导力变革的最大挑战是打造企业文化。事实上，在移动互联网时代，企业仅有组织结构的改变是不足够的，原有的企业文化也需要经历剧烈的变革。

移动互联网时代的企业文化建设应该具有互联网的特质——形式要多样、新鲜、好玩。这方面我们可以学习尚品宅配的“爱心银行”。

爱心银行有点类似于现实版的Second Life游戏（一个网络游戏），团队所有成员都是爱心银行的成员，爱心银行的最高权力机构是“央行”，它负责虚拟币即通常称之为“心币”的发行、结算、流通工作。“心币”是部门内部的法定结算流通工具。央行会给每位成员开设账户，发放爱心存折，所有涉及团队及个人互助协作的项目都会被折算成心币存入自己的爱心账户。如果需要别人的帮助，可以从银行支取心币进行消费。

心币是实现爱心银行生态闭环的核心。公司首先制造了很多赚取心币的应用场景，包括给新人赠送礼品、浇花、做心理辅导、学习课程等。当然，光赚心币如果没有消费的通路也无法使项目持续，消费心币的应用场景也很多，包括用心币兑换零食、参加各类培训课程、让人帮忙点餐等数十个项目。此外，公司还定期开展跳蚤市场等，每位成员都可以在活动当天通过赚取或消费心币进行实物交易。

与心币相对应的是，公司还会依据爱心币数量的多少对内部QQ（一种即时聊天工具）群里每一位成员的昵称予以升级，此升级机制由低到高分别是乞丐、小二、掌柜、商人、衙役、知县、通判、知府、巡抚、总督、丞相、主将、统帅、将军、诸侯、帝王。通过等级的划分，满足了成员在项目升级中的优越感和成就感，玩过网络游戏的就知道升级打怪的奥秘所在。

爱心银行项目初期开展得非常顺利，但随着时间线的延长，团队成员疲劳度上升，两个月后公司发现大家的热情开始下降。公司经过分析，发现主要原因有两点：一是心币的赚取路径太少，基本都是通过爱心银行——央行发布的爱心任务来获得，在团队成员不断增加的情况下，每个人能赚取的心币数量极其有限，因而制约了团队成员的心币消费热情；二是所有心币消费的应用场景都是在团队成员个体间自由消费，缺少组织去整合消费项目，团队成员消费的沟通成本较高，消费通路并不顺畅，例如，成员 A 如果需要消费 10 心币让别人帮忙设计 PPT（微软公司的演示文稿软件），他并不知道谁更适合去做，又是否有时间帮忙。

找到问题的症结后，企业在深度挖掘了团队成员的刚性需求后开设了 7 家虚拟爱心企业，包括 24 小时连锁酒店、快客物流、云创社、诚品书店、博大教育等。它们的业务是协助点餐点外卖、清洁桌面及环保午餐、帮人设计创意稿件、电子书及图书借阅、课程销售及培训业务。每一家爱心企业都设有 CEO（首席执行官）、财务、人事、销售、服务员等众多岗位，并规定每位成员只能在其中一家爱心企业任职赚取心币。团队化的运作既解决了成员赚心币难的问题，也解决了心币消费难的困扰。

通过爱心银行的运营，团队每位成员进步飞快，企业文化建设在团队管理的提升上发挥了重要作用。而且，依托爱心银行，部门的业绩竞赛、工作绩效提升等日常管理项目都融合打包进了爱心银行。

在推行变革的过程中，企业需要的不是别的，而是完全彻底的转变，其中企业领导者必须学会全新的行为模式，包括速度、吃苦耐劳和清零心态，即便痛苦，也要改变。在打造企业文化的过程中，企业领导者需要说服员工，不要不惜一切代价地打败对手，而是要和用户、合作伙伴进行更多的互动。企业中的每一个人都需要倾听用户、合作伙伴需要的是什么，并将这些提供给他们；同时，企业领导者需要转变员工注意力，全力以赴促进用户和合作伙伴的成功，并全心全意为他们服务。

2. 变革企业发展战略

在推行企业文化变革的过程中，企业领导者对企业发展战略会进行较大幅度的调整，但在制定战略的过程中，会有个别的部门对它们在新战略中的定位感到困惑，这种困惑会导致员工出现愤怒与焦虑。这些疑问的打消必须得到最高层的迅速解决。

大唐电信科技股份有限公司是行业信息化解决方案提供商，长期与各行业进行广泛合作，深入洞察行业发展需求。面对移动互联网发展及行业转型需求，大唐电信以旗下新华瑞德为核心，提出了“打造合作开放的移动互联网云服务平台”的移动互联网发展战略，同时推出了面向行业合作伙伴的“一站式数字内容云服务平台”的解决方案。

2013 年 11 月，新华瑞德与教育部信息中心合作开发的“IME 教育即时通信支撑服务平台”开始在教育部系统部署。该产品用户群覆盖省、市、县各级教育行政机构，以及 40 万所中小学等教育机构，为全国 2000 多万名中小学教师和教育管理者提供社交化的即时通信服务。

“教育部即时通信平台”的建设基于“新华瑞德云平台”安全可靠的基础设施、成熟的功能服务组件、可运营可管理的服务架构设计开发。同时，开发组配备了技术开发的精英团队，用很短时间完成整套系统的设计、开发和部署。该产品的推广运营将轻松解决省、市、县各级教育行政单位以及学校组织分层、分区域、分部门的业务和管理上信息通信的实际需要。

经过两年多的发展，“新华瑞德云平台”已在教育、医疗健康、娱乐、新闻资讯等领域实现了稳步拓展，形成了面向垂直行业的资源型开放平台移动互联网应用群，为传统的民生服务行业的业务转型和创新提供了有力支撑。

互联网企业最高层必须制定一个系统化的战略，并充分运用公司各部门不同的知识和才智，帮助关键人员迅速熟悉公司中的各个事业单元，包括各自的使命、用户、市场、产品和意义；清楚地告诉大家，新组织的不同部分应如何开展工作；设定总体目标和总体愿景，并清晰地传达；反复强调新战略的价值和意义，使员工保持方向感。

3. 变革招聘模式

找到合适的人，负责新型商业模式的开展，对互联网企业的发展至关重要。在这方面，已故的美国苹果公司的创始人、“管理奇才”史蒂夫·乔布斯是个样板。

史蒂夫·乔布斯有一句名言：“一个出色人才能顶50个平庸员工。”这句话被称为“乔布斯法则”，风靡西方管理界。

史蒂夫·乔布斯说，他花了半辈子时间才充分意识到人才的价值。他在一次讲话中曾经说：“我过去常常认为一位出色的人才能顶两名平庸的员工，现在我认为能顶50名。”由于苹果公司需要有

创意的人才，所以他把1/4的时间用于招募人才。高级管理人员往往能更有效地向人才介绍本公司的远景目标。而对于新成立的富有活力的公司来说，其创建者通常在挑选职员时十分仔细，老板亲临招聘现场，则可使求职者以最快速度了解与适应公司的文化氛围和环境。

当然，找到合适的人是一件极为困难的事情，但是企业必须致力于此并使其加盟。企业还需要知道的是，如果用一个错误的人来领导招聘这件事，有可能会毁掉企业的未来。招聘意味着把人才从竞争对手或其他相关企业里面“挖”过来。如果能找到合适的人，这些人只要一上任就能站稳脚跟，并开始发挥作用。但是，为了得到他们，在谈判中你需要花费大量的资源和运用很大的灵活性。

4. 变革企业决策者的支持系统

许多企业在移动互联网时代的转型都受制于“困境”法则，即在商业丛林中，每一类企业都有某种忘本式的生存演进倾向，自觉不自觉地忘记了确保自身生存的根基，从而使自己面临生存困境。

企业在移动互联网时代的不适在很大程度上是丢失了自己的商业根基——深入理解用户，并为用户创造价值。因此，对抗“困境”宿命的最有效战略就是“深度支持战略”，即深度支持的战略体系构筑，需要企业深刻洞察用户的生活、工作、娱乐、学习行为，深刻理解用户得到庇护、渴望发言、寻求联系等心理特征，并建立起用户心理与行为、需求之间的关联，基于这些特征进行业务、服务、渠道等资源的整体布放、监控与调优，巧妙地嵌入用户的行为链条之中，实现对于用户行为的“便利取用，主动支持”，实现与用户在心理上的共鸣与信任。同时，企业在通过“深度支持战略”走向重生的过程中，面临着一些重大挑战，需要领导层采取针对性的领导力行为。

一般而言，决策者不是快速的反应者，但领导者需要做到“深度支持战略”。由于领导者距离用户的层次过多，所以他们的行动一般比较迟缓。他们必须意识到，在采取“深度支持战略”的过程中，企业决策过程必须更加贴近用户，否则将会出现麻烦。这意味着，领导者需要检查决策流程，并不得不取消部分流程，这些流程以前通常是用于控制企业的。

传统企业的运作结果，通常倾向于建立功能性部门，这也许在过去有用，但这些却是满足用户需求的障碍。整个管理团队必须理解跨系统合作的必要性，如果他们不这样做，可能会导致“深度支持战略”的失败。即使人们愿意改革，愿意围绕用户组建协作团队，但是否能达到效果却是未知数。清楚各个部门间的障碍是一项重要的任务，但通常会遭到一些人的反对。唯一的方法是，从“深度支持战略”推行一开始，就有所取舍地在企业高层间重新分配权力。其有效的做法之一就是成立新的部门（或项目组），这需要由最高管理层提供保护，直到新产品已经强大到可以独立运行。另一种做法是组建新企业。如果企业新型商业模式的愿景是统治整个市场，那么就有必要组建新企业，彻底脱离原企业。

5. 变革，重在加快尝试的速度

在移动互联网时代，企业要想满足用户的期望并跟上甚至超越竞争对手的速度，通常是很困难的，但除了加快你自己的速度之外别无良

策。在这方面，微软的转型精神值得各企业学习。

微软由于感受到移动互联网时代被边缘化的危机，最近几年不断尝试转型之路。互联网企业指的是企业的核心产品和发展方向都是基于互联网的，微软做的就是这种转型。微软前任CEO（首席执行官）鲍尔默在任期最后，尝试模仿苹果，走“设备一体化”道路，通过操作系统将PC（个人电脑）和移动设备打通，并收购诺基亚，完成软硬一体。微软新任CEO纳德拉虽然宣布，将带领微软走一条类似谷歌的“云为基础、移动先行”之路，但在产品层面仍延续鲍尔默的思路。

2015年1月21日，微软正式发布新一代操作系统Windows（视窗）10消费者预览版。新系统最大的亮点是将统一PC、手机、Xbox（一款家用电视游戏机）等多个平台，而且破天荒地提供“免费升级”服务。Windows 10新系统跳过了Windows 9，在诸多方面得到了提升和改进。例如，在Windows 8里消失的“开始”按键回来了，而且新的磁贴界面支持纵向滚动，可以利用开始按钮呼出全部应用的菜单，还可以调整尺寸缩小到Windows 7一样的大小。操作中心在Windows 10中充当了通知中心，除通知推送外，还有蓝牙、屏幕亮度、设置、飞行模式、定位等快速操作选项。Windows 10最大的亮点在于，首次支持多平台同步协作无缝链接，这意味着微软Windows操作系统将开启一个多平台互联的新时代。而对于用户来说，最惊喜的地方在于微软第一次提供免费升级。微软表示，Windows 10发布后一年内，所有Windows 7、Windows 8.1等用户都将免费升级到Windows 10。而且，所有升级到Windows 10的设备，微软都将提供永久生命周期的支持。

IE（俗称网络探索者）浏览器这次彻底被微软抛弃了。微软下一代浏览器代号 Spartan，界面更加简洁，视觉风格上类似谷歌 Chrome（一种浏览器）和 Firefox（一种浏览器）。它支持用户在网页上进行批注浏览，截图功能也集成其中。同时用户可以在批注过后将这些内容方便地通过侧边栏分享或者发送到需要的地方去。Spartan 同时支持 Cortana 语音识别。

快速变化已经成为移动互联网时代的一种常态，作为移动互联网企业自然也要跟上这种节奏才行。因此，这种变化就要求管理者通过领导力能够保持一种灵活性，即在做好现在事情的同时，如果出现了新的变化他也能带领团队进行灵活有效的应对。这一点对于移动互联网企业特别重要，因为如果管理者没有能力带领团队灵活地应对变化，不但不能很好地满足用户的需求，而且也会造成人员的流失。

总之，移动互联网时代的企业领导力变革，需要企业领导者在文化变革、发展战略、招聘人才、运营支持、快速尝试等方面全力改革，以打造新的领导力，适应移动互联时代的商业环境的需要。否则，必将在不安全的商业丛林中走向失败！

移动互联网时代企业家的新任务

移动互联网时代给企业的内外部环境带来了重要变化，也给企业家下达了一份充满着机遇和挑战的全新任务清单。总体来说，企业家需要带领企业完成以下关键任务。

1. 重新定义用户和客户需求

移动互联网时代下，社群经济崛起，用户和客户的主权至上，企业需要重新回到原点来反思整体商业设计。例如，企业的用户和客户分别是谁？用户和客户在移动互联网时代有什么新的特点？他们当前和未来的需求在本质上都是什么？这些如何体现在产品和服务上？

2. 重构并持续优化商业模式

在各种新兴商业模式的冲击下，既有的商业模式可能已经进入微利甚至负利状态，企业需要重构商业模式，并持续优化、创新，以适应移动互联网时代市场的快速迭代。

3. 重构并持续优化管理模式

商业模式的重构要求管理模式的重构并与之匹配，同时，在移动互联网时代，作为管理相关方之一的人才与组织的关系和互动有了更多的变化，这就要求管理模式设定的假设、理念、具体模式都要进行相应的调整并持续优化、创新。

4. 全球性整合资源

移动互联网时代下，企业面临着全球性的机遇和挑战，企业整合资源的疆土也不再被国界所局限。企业如何借助移动互联网等新的工具和平台，搭建行业、产业的生态圈，在全球范围内整合资源、抢占全球市场，将是企业面临的重要课题。

5. 建立人才管理体系

在移动互联网时代，人才与组织的关系将更多是同盟关系，人才与组织的依存关系也表现出新的特点（人才对组织的依赖性在逐渐减弱而组织对人才的依赖性却在加强），人才与组织的互动也有了更多的渠道、特点。如何准确把握人才与组织的新关系，并建立相应的人才管理体系，是企业能否完成人才转型继而完成企业转型的重要挑战。

6. 塑造企业文化

企业文化作为企业的 DNA（脱氧核糖核酸）和人才培养的重要环境，在时代更加人本化的趋势下，必将发挥重要的作用。移动互联网时代要求企业家致力于塑造开放、平等、创新的文化氛围，以给予人才成长、创新的宽松环境，从而激发企业的活力和创造力。

7. 履行社会责任

移动互联网时代企业无边界，企业将从时代和社会中获取越来越多的营养，更需要积极履行社会责任，回馈社会。企业只有将自身的使命与人类和社会的进步紧紧联系在一起，反哺于社会，才能更好地凝聚事业伙伴、感召用户和客户。

相比于企业家的传统任务而言，上述这些新任务总结起来具有以下两个特点：一是受外部环境驱动更多，外部环境加速度的变化强烈要求企业加速自身的更新；二是企业家的工作重心进一步转向基于外部环境变化的“建模式、塑文化”。这些特点对企业家的精力分配、工作重心提出了新的要求，同时也对企业家的领导力提出了新的要求。移动互联网拥有广阔的前景，对互联网企业来说，可谓是一块巨大的蛋糕。企业家完成上述关键任务，就可以带领企业抢先进入这个市场，赢得先机！

移动互联网时代如何重新定义领导力

移动互联网时代下，由于企业家领导力在组织中的作用机制发生了一定的变化，这就需要对企业家领导力的要求重新定义，努力提升领导力。

1. 企业家领导力在组织中作用机制的变化

企业家领导力在组织中的作用机制的变化主要体现在以下几个方面：

从企业家领导力在组织中发生作用和传导的机制来看，在过去的组织中，企业家领导力更多是在相对各层、稳定的组织中通过中层、制度来发生作用，而在移动互联网时代相对更加扁平、文化更加活跃和平等的自组织或类自组织中，企业家与组织中的每个人有了更多直接接触的可能，企业家的领导力更多是通过自身及其对公司文化的影响和塑造来发生传导。

从组织中其他领导力的分布来看，从传统时代的组织到移动互联网时代的组织，组织内部的权力正在由高度集中于企业家的分布状态向流态分布的状态转变。不论资历、岗位、职级，每一个员工都更有可能因为在某一方面的突出能力和魅力而在或长或短的时期内、或大或小的范围内被大家视为领导者之一，获得大家的认可、尊重。

从企业家领导力在组织中的权威性来看，与上一个方面直接相关，由于组织中的领导力逐渐实现流态分布，因此，企业家领导力在移动互联网时代组织中的权威性会有所下降。

从企业家领导的作用边界来看，传统时代的组织中，企业家的领导力往往会辐射到组织的外部、非工作时间，企业家与员工的互动在这些时空中依然保持着“领导”的态势；而在移动互联网时代的组织中，企业家与员工的互动模式会因为时空的边界而有所调整，在组织外部和非工作时间，企业家会进一步减少向员工传递的层级感和领导力，员工也会倾向于自动屏蔽掉企业家习惯性的传导。

从企业家领导力的风格来看，在传统时代，对大多数基层员工而言，企业家比较高高在上，神秘而威严；而在移动互联网时代的组织中，企业家会更多以亲和、平等、开放的形象和姿态呈现，更像来自我们普通人中的一员。

由于上述变化的存在，重新定义并着力提升企业家领导力势在必行！

2. 移动互联网时代企业家领导力的新定义

根据企业家在移动互联网时代所面临的新任务，这里提炼出对企业家领导力要求最为关键的8条。如表1-1所示。

表1-1　　移动互联网时代的企业家领导力新定义

要　求	内　容
事业心	以卓越的商业实践为载体，服务于人类社会的进步，为人类生产、生活、生存的改良贡献价值
时代商业嗅觉	敏锐把握甚至引领移动互联网时代的商业脉搏，并能将对商业潮流的洞察快速转化为可行的、富有潜力的商业模式
全球视野与思维	具备全球视野，掌握移动互联网时代的思维模式，能够借鉴全球先进商业实践经验，并以做平台和生态的格局在全球范围内调动整合资源
管理体系设计	能够把握移动互联网时代人才与组织的关系定位、互动特点，并能基于此设计与商业模式相匹配的管理体系
自我革新	积极拥抱、把握时代和环境的快速变化，主动革新自我的经营管理理念，不固守过去的成功经验
危机意识	不以企业的现状为是，保持对企业内外部环境的冷静观察和危机排查，并能前瞻性洞察来自跨界的、潜在的危机
变革推动	具有统筹的谋略、相当的魄力和毅力，能够统筹谋划组织变革的顶层设计并成功推进变革落地
团队塑造	营造开放、创新、平等的组织文化，建立机制促进组织内的自组织小团队有序协同；视员工为组织的联盟，建立最大化释放员工潜能的人才管理体系

总的来看，以上对企业家的领导力要求更多体现了移动互联网时代的要求，对企业家的格局、视野、影响力提出了更高要求，突出了企业家的开放、自我更新，并对企业家经营管理的思维、思路提出了必须时代化的要求。

3. 移动互联网时代企业家领导力的提升

移动互联网时代不仅影响着对企业家领导力的要求，同时也为企业家领导力的提升创造了更好的技术条件、信息条件。在这样的背景下，企业家领导力的提升也将进一步体现出以下趋势：

第一，企业家领导力的提升要从企业家对自身既有观念的颠覆开始。移动互联网时代下，对世界、价值、自我存在和追求、人性的定义，对组织、经营、管理的定义都将或多或少持续地进行重构和调整。企业家担负着在自身快速重构这些观念的基础上将其具化并有效付诸商业实践的重任。从这种意义上来说，企业家的这种自我颠覆越彻底、越迅速，企业家领导力的能量指数将越高。

第二，企业家要理解人性、回归人性，以人性为原点来梳理问题。时代以其强大的力量加速度地让每个人更成为其自己，让每个人更有可能获得巨大的能量。企业的商业实践只有将自身融汇、服务于这个宏大的趋势，才能真正获得时代所赋予的机会和能量，因此企业家的商业实践、管理实践都必须更加深刻地理解新时代下的人性及其作用机制，并且以人性为原点来审视、梳理、反思。

第三，企业家要向自己的天赋和特质寻求力量。在每个人都可能更好地成为自己的时代，人与人之间一定程度上存在的竞争本质上是自我天赋开发的竞争。企业家在天赋和特质上虽然可能占有一定的先天优势，但只有真正地挖掘自己天赋和特质的宝贵力量，才可能让自己真正绽放，才能在同水准级的较量中具有与自身浑然一体的“核武器”。

第四，企业家需要深度自我修炼。对自我天赋和特质的高水平开发，从来就不是一件随机、靠运气、轻松的事情，而是一项自我动态管控下的、持续的、深度的、苦乐交织的系统工程，是一场值得也必须终其一生来进行的自我修炼之旅。尤其是企业家的天赋和特质，更面临着更高阶修炼所特有的高阶难题。因此，企业家只有像修炼绝世功夫一样潜心修炼，才可能完全开发自己、成就自己。

第五，在领导力提升的操作层面上，更需要以时代新模式为载体，以当下的鲜活经验和对未来的积极探索为素材。新的时代下，众知众行、共建共享必将成为主流的学习方式，对当下的鲜活总结和对未来的前瞻探索也必将成为最核心的主题。企业家只有开放而又清醒地驾驭住时代所赋予的外部元素，使其为自我修炼的工程服务，才能快速借力而又不至于迷失于外部的各种信息，才能让自己与时代共舞。

互联网思维视角下的企业组织扁平化

自媒体视频脱口秀《罗辑思维》主讲人罗振宇说过这样一段话，值得我们思考："互联网恰恰是一种无中心化组织，一种网状的模型，没有决策中心，而是顺着态势发展而顺应做出决定。这样的反应速度无疑大大加快，当然，这对组织内部的人员要求也高很多，以至于可以出现分工的模糊化，每个人的多角色协作化。所以我心中真正的互联网公司，往往人数不是太多，并且分散成各个小团队，单点负责，迅速决策，需要组合时，立即自由联合，任务完成后，自动解散。它们并不依靠什么层级管理，更没有什么 ERP（企业资源计划）或者什么 KPI（关键绩效指标），完全是一种任务驱动式的协作方式。顺着这样的逻辑推理下去，未来的互联网社会，应该是一种以人为网络节点，各个小社群相互链接的拓扑组织结构。从全局上来看，自然就是无中心化、无权威化、无固定组织形态的结构。”

如果从罗振宇的观点出发，有互联网思维的企业组织一定是扁平化的。现实中也有许多这样的例子，比如淘宝和小米。

目前淘宝很多卖家在组织架构方面都采用了超级扁平化的结构。比如，有一个知名淘品牌御泥坊，近400名员工，但组织架构就两层，自CEO为首的核心管理团队以下分为30多个学院，但每个学院不是一个部门组织而是一个基础的作战单元，类似于一个特种部队，平时独立作战，有重大任务时，根据需要，某几个学院可以随时重组为一个全新的大部门，任务结束后再解散回归原编制。还有一个知名淘宝卖家，淘内交易一年可达数亿元，员工数近400名员工，但他们公司除了财务和仓储团队以外，却是一家只有岗位但没有设置任何职能部门的公司，所有业务全都是靠虚拟团队来驱动的。根据业务流程轻重缓急的需要，组建若干个虚拟团队或项目团队，每个团队的负责人相当于特种部队的队长，最多的时候有10多个项目同时进行。老板本人在所有的项目中，但并不负责一线指挥，而是扮演3种角色：监督者、协调者和评估者。项目结束经老板评估以后，还需要向全公司分享此次执行过程中的得与失，然后该虚拟团队自动解散，所有参与者再自动进入到下一个节点。而老板在此过程中通过邮件组、旺旺群（QQ群）、微信群等全程掌控项目进程，该公司自从实施这套模式以来，已经有半年时间没有开过线下会议了，沟通全部是利用碎片化的时间来完成。

小米的组织架构没有层级，基本上是3级，即7个核心创始人、部门经理、员工。而且不会让团队太大，稍微大一点就拆分成小团队。除7个创始人有职位，其他人都没有职位，都是工程师，晋升的唯一奖励就是涨薪。不需要你考虑太多杂事和杂念，没有什么团队利益，一心在事业上。这样的管理制度减少了层级之间互相汇报浪费的时间。小米现在2500多人，除每周一的1小时公司级例会之外很少开会，也没什么季度总结会、半年总结会。2012年815电商大战，从策划、设计、开发、供应链仅用了不到24小时准备，上线后微博转发量近10万次，销售量近20万台。雷军在定位时不是CEO，而是首席产品经理。他80%的时间是参加各种产品会，每周定期和MIUI（米柚）、米聊、硬件和营销部门的基层同事坐下来，举行产品层面的讨论会。很多小米公司的产品细节，就是在这样的会议当中和相关业务一线产品经理、工程师一起讨论决定的。从小米的办公布局就能看出扁平化组织结构：一层产品、一层营销、一层硬件、一层电商，每层由一名创始人坐镇，能一竿子插到底的执行。大家互不干涉，都希望能够在各自分管的领域给力，一起把这个事情做好。

移动互联网冲击下的企业组织该如何构建？这个命题非常值得我们思考。事实上，互联网思维强调开放、协作、分享，组织内部也同样如此，讲究小而美，这就需要以互联网思维的视角实行企业组织扁平化。企业组织扁平化，已经成为移动互联网时代企业的一个重要的评判标准。

1. 企业组织结构扁平化解析

企业组织结构扁平化是指管理层次少而管理幅度大的一种组织结构形态，即通过减少行政管理层次，裁减冗余人员，从而建立一种紧凑、干练的扁平化组织结构。企业组织结构扁平化作为一个时髦的名词或者说短语在管理界可谓风行一时，几乎每一个管理者都在谈论它。

扁平化组织与传统的科层制组织有许多不同之处。科层制组织模式是建立在以专业分工、经济规模的假设为基础之上的，各功能部门之间界限分明。这样建立起来的组织必然难以适应环境的快速变化。而扁平化组织，需要员工打破原有的部门界限，绕过原来的中间管理层次，直接面对顾客和向公司总体目标负责，从而以群体和协作的优势赢得市场主导地位。它的特点体现在以下几个方面。如表 1－2 所示。

表 1－2　　企业组织结构扁平化的特点

特　点	内　容
以工作流程为中心而不是以部门职能来构建组织结构	公司的结构是围绕有明确目标的几项“核心流程”建立起来的，而不再是围绕职能部门；职能部门的职责也随之逐渐淡化
纵向管理层次简化，削减中层管理者	组织扁平化要求企业的管理幅度增大，简化烦琐的管理层次，取消一些中层管理者的岗位，使企业指挥链条最短
企业资源和权力下放于基层，顾客需求驱动	基层的员工与顾客直接接触，使他们拥有部分决策权能够避免顾客反馈信息向上级传达过程中的失真与滞后，大大改善服务质量，快速地响应市场的变化，真正做到“顾客满意”
现代网络通信手段	企业内部与企业之间通过使用电子邮件、办公自动化系统、管理信息系统等网络信息化工具进行沟通，大大增加管理幅度与效率
实行目标管理	在下放决策权给员工的同时实行目标管理，以团队作为基本的工作单位，员工自主做出自己工作中的决策，并为之负责，这样就把每一个员工都变成了企业的主人

企业组织结构扁平化对企业管理具有以下几方面的重要影响，如表1－3所示。

表1－3　　企业组织结构扁平化对企业管理的影响

影　响	内　容
企业在劳动分工基础上，更强调系统观念	组织结构扁平化，旨在让员工打破原有的部门界限，绕过原来的中间管理层次，从而以群体和协作优势赢得市场主导地位，因此系统和协作观念是贯穿扁平化组织组建和运作的核心概念。正如系统学家冯·伯塔朗菲指出的那样，一个企业组织是一个由许多相互作用的部分组成的开放系统，管理人员应用系统方法就可以阐明系统目标，确定评价系统工作成绩的标准，并把企业同各种环境系统更好地联系起来
减少中间层，导致“中层革命”	面对组织规模的扩大，传统组织理论认为，由于管理者受精力、知识、能力、经验的限制，所能管理的下属人数是有限的。因此，唯有增加管理层次才能实现对人员的管理和控制。然而现代信息技术的发展使得信息、知识的共享可通过计算机网络得以完成，沟通的顺畅直接导致原先承担上传下达任务的中层管理人员人数大大减少，带来“中层革命”
知识的影响力凸显并日益加强	在扁平化组织中，影响力并非完全来自职权，知识、信息、人格魅力等有时往往超越职权的影响范围，在决策和日常运作过程中发挥更大的作用
灵活指挥	统一指挥原则似乎已成为管理的金科玉律。但组织相对简单时，这一原则显然是合乎逻辑的。但随着组织规模的扩大，统一指挥原则经常无法实现，而灵活指挥成为企业控制过程的灵魂
分权的趋势	与扁平化相辅相成，分权成为一种必然趋势。正如柯达公司总裁罗伯特说的：“过去我们的机构臃肿庞大……唯一能使我们发挥协调作用的办法是缩小机构。”
加大控制幅度	信息化、计算机化带来的间接控制与指挥使控制幅度加大，从而也使“中层革命”和扁平化成为一种现实

企业实行扁平化工程，一般应遵循以下几个程序，如表 1－4 所示。

表 1－4　企业实行组织结构扁平化的程序

程　序	实施要领
塑造紧迫感	当经济景气时，企业经营者只要把企业放在恰当的环境中，便可确保企业获利；但是一个组织的生命有其周期性，当经济不景气或者竞争加剧，面临生死存亡之际，许多伟大的策略也许无用武之地，于是企业必然重新调整其步伐，把经营的重点放在组织结构的设计上来，确认组织变革的必要性
提出方案	分析组织与工作流程，诊断组织的症结，提出合理化方案。描绘美丽远景，以此指点变革努力的方向并建立强有力的指挥组织，而且由高级主管挑头；鼓励工作小组发挥团队合作精神
选择变革方案，并推进组织变革	在实施之初，一是要选择好变革的时机，在企业经营危难之际，也许会得到更多员工的认同，此时变革会顺利、快速得多；二是要确定组织变革的范围和层次，组织重构可以在全公司同时全面展开，也可以分阶段、分部门依次实行，然后扩展到全局，这样可以积累经验，逐步推广，从而取得最后的成功
教育培训	激励员工，设法消除裁员给员工心理上带来的恐慌是新组织发挥作用的关键，用快速有效的管理沟通方法使员工理解变革的必要性，同时强调其个人未来发展的良好机遇。否则，不管是在组织重组过程中还是在重组后，士气和生产率都会显著降低，导致整个改组工作的失败

在实行组织扁平化之后，企业的管理层级减少，随之而来的是管理幅度增大和管理难度的增加。在这种情况下，成功与否主要取决于以下 4 个因素，如表 1－5 所示。

表1－5　影响企业组织扁平化成败的因素

因　素	内　容
决策权的分散	企业必须重新分配决策权，即重新划分权力边界。企业管理者要回答一个问题：应保留哪方面的决策权，哪方面的权力应该下放，下放到哪个层级。倘若这个问题得不到解决，就可能造成某些层组的管理人员乃至最高管理者权限过于集中，甚至会导致混乱
中下层管理者的管理能力	权力向下转移后，中下层级的管理者不仅会遇到更多的决策问题，而且需要其指导和监督的员工可能也会增加。此时，倘若这些中层管理者的管理能力没有相应提高，就有可能出现强力控的倾向或者失控，这两种情况最终都会将企业引向无序
员工的素质	在实行扁平化组织结构之后，企业会更多地依靠员工的自觉与能动性，一些企业会赋予普通员工特定的决定权。这一方面可以减轻中、下层管理者的压力，另一方面也有利于发挥员工的积极性和创造性
文化因素	一种强大而健康的企业文化也是必不可少的。这并不是说扁平化结构的企业排斥文化建设，只是说我们不应幻想扁平化能够取代企业对文化的培植。企业不可能苛求员工与之共生死，但缺乏强大而富有活力的文化，即便扁平化的组织也有可能是僵化的组织、难以持久的组织

2. 企业组织设计：从“金字塔”走向“扁平化”

“金字塔”形组织是传统企业典型的组织构架，它是指企业的整个人事组织像一座金字塔，领导人高居塔尖，以制度化和法规化严格构建等级制度。在“金字塔”形组织的基础上，职能式组织结构、事业部式组织结构及矩阵式组织结构都是沿用到今的经典组织结构。

金字塔形组织结构有以下特点：一是组织不稳定。按金字塔形的领导体制，最高领导容易受到来自各方面的冲击，处于高危状态，在20世纪八九十年代，我国许多企业特别是国有企业实行“一支笔”制度，企业大小事都是最高领导说了算，副职和中层都是二传手，只有建议权和推荐权，最高领导事必躬亲，稍有疏漏，就会受到各方攻击。二是摩擦大。金字塔形的领导结构，个人升迁的最大障碍是顶头上司和同级干部，为了排除障碍，凸显自己，攻击上司、贬低同级的现象时有发生。三是金字塔形结构容易造成机构臃肿，人们常常听到“精简机构”的说法，但收效甚微，精简机构陷入了一个精简、扩大、再精简、再扩大的怪圈，还成了某些人排除异己的借口。

在移动互联网时代，金字塔形组织结构遭遇了挑战。外界环境发展太快，现场管理和临机决断的事宜太多，所以必须缩短决策半径，必须扁平化。扁平化以业务流程为核心建立组织架构，减少管理的层级，增加每一层的管理幅度，实施更灵活、更柔性、更高效的管理。

一般来说，企业在创始期和发展期采取扁平化管理的居多，这种方式更有利于企业生存和灵活应对市场。随着信息技术、网络技术的飞速发展，在金字塔管理模式的弊端为大家熟知的今天，企业即使进入成熟期以后也完全可以采取扁平化模式。以往发挥上传下达功能的中层管理者的作用弱化，企业因更关怀员工满意度或幸福指数而给予更多的放权，组织依据业务流程来重组而不是依据部门职能。

总之，由于传统的“金字塔”式的组织结构的管理层次多严重阻碍了信息传递的速度，并且易造成信息歪曲，不利于组织及时对环境变化做出快速反应，因此，必须从“金字塔”走向“扁平化”。通过减少管理层次，精减大量的中层管理者，使企业结构向扁平化的蛛网形柔性组织迈了一大步。这种组织结构减少了决策与行动之间的时间延滞，保证了企业内部信息较快速、较准确的传递，使企业能具有较强的应变能力和更大的灵活性。

组织边界敞开后，你需要什么领导力

移动互联网敞开了组织边界。那些掌握成功秘籍、戒备森严、等级严谨的企业“大咖”或打开“城门”，与民间高手共舞，或直面跨界而来的各路对手。组织的边界打开了，思想的边界也因此消融，所有的组织都有机会重新站在一个无边的平台上，彼此之间是不问出处、亦敌亦友的新玩家关系。

1. 让每个人成为自己的 CEO

在移动互联网时代，企业管理“要想火车跑得快，全靠车头带”的火车理论，已经让位于动车理论，动车的每一节车厢都有发动机，这样整个列车的速度才会提升上来。对于组织来讲，不能只有企业领导者做发动机，每一级组织甚至每个个人都要成为发动机。内部平台化，对组织的要求就是要变成自组织而不是他组织。他组织永远听命于别人，自组织是自己来创新。

事实上，在很多大型互联网企业内，组织开始裂变成许许多多的尽可能小的组织单元，以求释放每一个组织细胞的活力。移动互联让这些组织的员工成为了企业内部实际意义上的创客。

谷歌产品研发小组一般管理者有超过 50 人的直接下属，有些甚至达到 100 人，加速了信息分享和流动，避免了官僚文化阻碍创新。谷歌还实行民主自由的管理体制，员工可以自由表达意见，不

> 但有自己掌控的时间，而且可以决定自己做什么项目。谷歌通过深度协商来制定决策。其中，一个核心的管理原则就是，在达成重要决策时，所有利益相关方都应该在场。哈默在解释谷歌这一行为时说："当你的员工是地球上最聪明的人时，命令和控制就不是一种好选择。"谷歌能够在较短时间内生产出新的版本，主要是因为数千名工程师组成不同的团队，完成不同的项目。这些团队一般由3~6人组成，被分配到不同的项目工作，这些项目往往被限定目标和较短的期限（一般不超过6周）。

在自组织形态下，其管理的重点也发生了变化：

首先，组织的管理范围由内及外，组织的无边界带来了与上下游的开放性合作。在移动互联的时代，世界真的是平的，管理的视野除了企业内部的种种，还要实时覆盖组织外部那些亦敌亦友的玩家。

其次，组织的发展驱动力量不再是单一的由上至下的顶层设计，许多有意义、有成效的探索是由下而上的，这种由底层、由根部、由微小单元所带来的原发性驱动力量，一旦实现创新突破或迭代成功，会给组织带来突破性的发展。

最后，组织核心能力的识别视角与打造方式发生了根本变化。在工业化时代、在企业稳定发展的阶段，强调从历史中萃取持续成功基因的"冰山模型"广受推崇也卓有成效。但近年来，不少成功的互联网公司心无旁骛地聚焦新思想的产生、新能量的锻造，他们以"前不见古人"的巨大勇气和力量，等待着新思想与新能量像火山一样喷发，能量爆发一刻，就是组织新能力形成的原点。而原点之后，火山喷发还将继续。

2. 移动互联下组织需要的领导力

面对移动互联下组织的变化，管理重点的种种转变，需要什么样的领导力才能驾驭？若一言概之，有3个主题词：扬弃、重构、激发。这3个主题词具体展现在下述4个方面，如表1－6所示。

表1－6　　　　移动互联下组织需要的领导力

领导力	含　义
持续的业务领导力	在对手都是跨界而来、奶酪都必然被拿走（全部或部分）的今天，经年不变的价值环节在不经意间被打散、揉碎，企业的生命周期被缩短。面对这些现实挑战，持续的业务领导力就是放弃对既有商业模式的依赖，领导者能以敏锐的洞察力预测商业模式的创新与迭代，让企业未雨绸缪而能自我扬弃，从而实现组织业务持续发展
创造新的生态系统	生存的危机感与成长的成就感并存，这是生态系统的两大特点。领导者要培育组织内生性增长的能力，无论怎样的组织规模，无论怎样的组织模式，领导者都要创立内部的创业单元、内部孵化机制、内部的激励特区。尤其是大企业，领导者更要有勇气拿掉“好的想法死在大公司”的魔咒，创造组织的容错环境，要坚定让组织整体相信，内部创业是组织持续生存的必需，内部创业是对过去的扬弃，更是对未来的重构
在不确定中勇于前行	对绝大多数领导者而言，无论怎样的技术敏锐、商业洞察，都已经很难完全做到谋定而后动，环境的不确定加上内心的失控感已是领导者的工作常态。工业化时代的商业环境与市场模式，在一定程度上成就了组织天然对方向、对资源、对工作职责的各种明确性、控制性的要求。但现在，领导者要在不确定的、模糊的感知中，彰显镇定与勇气，带领团队前行，并在过程中与团队一起分享、进化、成长，这对领导者的远见卓识、坚韧不拔，乃至幽默风趣提出了很高的要求

续　表

领导力	含　义
在包容中广纳英才	移动互联绝不只是技术平台的竞争，人才才是成功的密码。领导者要善于不拘一格发掘内部人才，要勇于礼贤下士从外部吸引人才。但更为重要的是，领导者既要能从组织的角度拟定规则，又能洞悉人性的根本以激发人才的自我实现，从而实现人才与组织之间的规则与自由。同时，互联网时代，如何整合组织外的人才资源也是领导者的关键课题，无论对手、民间高人，还是前同事，领导者要以宽阔的视野网之、用之

移动互联带来了一个全新的时代，无论企业外的“创客”“极客”，还是企业内的“小微”，都预示着“人”作为个体有可能前所未有地获得了对生产要素的掌握，得以极富个性地绽放自己。因此，如何扬弃既成的商业模式，如何重构可持续的新的生态系统，如何积极正面地激发人对自我实现的渴望，已然成为当下企业领导力急需突破的核心主题。

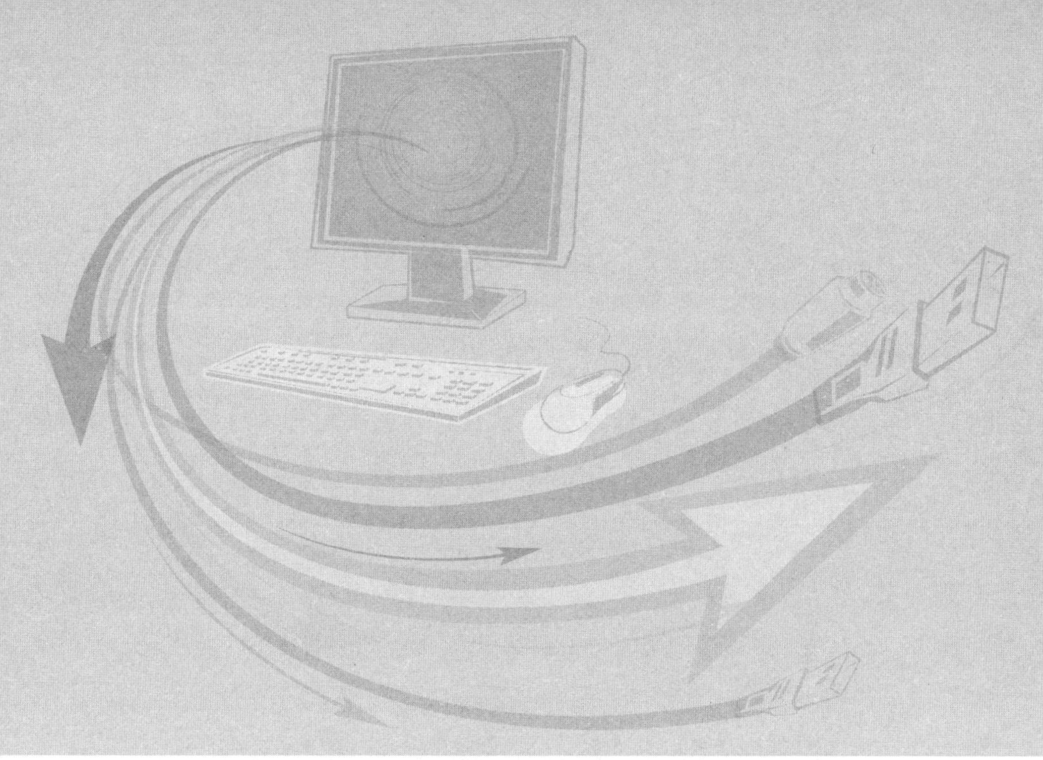

第二章 互联网企业领导力不足的问题分析

互联网的深度发展，给企业既提供了机遇，也带来了新的挑战。提升企业领导力已经成为每个企业领导者必须认真思考和严肃对待的新课题。领导就是决策，效率也来源于执行。如果互联网企业领导力不足，那么让你去领导一个产品项目组时，你不具备领导力就无法领导团队去完成产品的交付，进而影响公司的快速发展。因此，对互联网企业领导力不足的问题进行分析，找出根源所在，才能从根本上提升企业领导力。

互联网时代领导能力不足的表现

领导力是任何组织所不可或缺的一种能力，同时也是一门艺术。曾在谷歌、微软、硅图、苹果 4 家极富创造力和激情的企业任职的李开复先生指出，领导力即“一种有关前瞻与规划、沟通与协调、真诚与均衡的艺术”。但是，当前企业领导力存在一些问题。

1. 互联网时代领导力不足的表现

互联网具有即时性、自主性、分散性、开放性、互动性、放大性以及成本低、传播快、大众化等特点，给企业管理工作带来了冲击和影响，很多企业领导面对互联网或者无所适从，或者消极被动，或者盲目跟风，表现出多方面的能力不足。

一是网上的快速反应能力不足。很多企业领导对于互联网的即时性和传播速度认识不足，忽视互联网的放大效应，停留在过去办事拖沓、慢慢研究、议而不决的传统方式上，往往给突发的情况带来负面消极影响，造成工作上的困难和被动，产生了很多不该发生的后果。

二是网上的沟通交流能力不足。很多企业领导不熟悉网络语言，在网上沟通交流只会使用“官话”、公文式语言，一方面用户看不懂，听不明白；另一方面产生了语言鸿沟，造成了不少误解，达不到解决问题、化解矛盾的目的。

三是网上的思想引领能力不足。传统企业领导使用传统宣传方式十分熟悉，也十分有效，一呼百应，可是在移动互联网时代，过去的宣传方式大多作用受到削弱，互联网的影响日益凸显。主动在互联网上发声，并采取很多适应互联网要求的解释、说服技巧提出了更高的要求。然而很多企业领导的思想引领能力还不具备。

四是互联网信息辨别能力不足。互联网上的信息鱼龙混杂，各种利益都会以不同形式表现出来，掩盖了很多真实情况和真实意图。然而，很多企业领导对此并不清楚，盲目跟风者有之，因噎废食者有之。因此，很多企业领导的信息辨别能力存在明显不足。

五是企业领导者本人的能力有明显的瑕疵。在当前领导力所存在的问题中，个人能力问题使领导者在领导力提升方面受到限制。其瑕疵包括以下 3 个方面，如表 2－1 所示。

表 2－1　　　　企业领导者本人能力瑕疵的表现

特　点	表　现
知识结构瑕疵	知识缺乏是一个人的最大不足。对企业领导者来说，人文知识缺乏通常比技能性知识缺乏显得更普遍，在管理中的负面影响也更大
职业经历瑕疵	许多中国企业领导人在职业成长过程中缺少许多职业经历，因此在管理认知上存在许多盲点，通常都极大地影响了其所领导的企业
自我认识瑕疵	中国市场长期处于低度竞争状态，在管理水平不高的情况下，许多企业也一直能以超常规的速度发展，造成了许多企业领导人不能正视自己的不足之处

2. 领导力不足对企业组织的影响

领导力不足影响了企业的方方面面，无论是降低了效率，还是组织出现停滞，损失都是巨大的。更令人担心的是，许多企业领导者并未意识到企业存在的问题是由于领导力不足造成的。

首先，领导力不足必然导致管理混乱、效率低下。“兵强强一个，将熊熊一窝”，如果没有足够的训练有素的管理人员，企业出现管理混乱、效率低下的现象就是必然的，由此还带来士气低下、员工流失率高等问题。虽然由于廉价劳动力一直供应充足，中国企业在低效率的情况下还能以较快的速度发展，但这样的发展通常是以牺牲员工的工作生活质量为前提，与环境污染相似，中国社会必将为此付出巨大代价。

其次，领导力不足是中国企业“二次创业”之类组织变革失败的最主要原因。“二次创业”是中国企业最经常遇到的激烈的组织变革，领导力不足是最常见的失败原因之一。

最后，领导力不足是组织发展出现停滞的最主要内部原因。一个组织会发展到与其最高领导人的能力相匹配为止。中国企业领导人的能力瑕疵通常都是其所领导企业组织发展出现停滞的最主要内部原因。

互联网时代领导力不足的原因分析

分析互联网时代领导力不足的原因，目的在于找出问题的根源所在，进而明确移动互联网时代需要什么样的领导力，提升移动互联网时代的领导力。

1. 互联网时代领导力不足的原因

互联网时代领导力不足的原因是多方面的。概括起来，主要有以下几个方面的原因。

一是企业领导的知识结构与个人素质滞后于互联网发展步伐。由于传统教育的影响以及机关传统工作方式的影响，企业领导自身知识结构中缺乏变化迅速的电脑网络新知识、新技术，又没有跟上快速发展的信息化步伐，必然表现在对信息公开、网上办公、网上互动上的不适应，甚至恐惧心理。

二是传统思维与工作方式不适应互联网时代的发展要求。“平等、参与、分享”是互联网的本质体现，这与传统的公共部门程序化、规范化、标准化要求难以契合，因此必然造成思维与工作方式难以适应互联网发展要求，产生巨大的冲突与滞后现象。

三是我国公共管理信息化制度体系尚不完善，组织保障和体制机制上还存在不少空白。尽管中央成立了网络安全与信息化领导小组，各地方、各部门都成立类似机构，但是改革传统管理制度建立新型治理体系仍然任重道远。主要表现在组织保障和体制机制上。我国仍然缺乏类似发达国家较为完备的首席信息官制度、上下左右联动的反应机制，无法应对飞速发展的互联网的挑战和冲击。

四是对领导力开发不重视是中国企业领导力不足的最重要的内部原因。中国企业领导人大都是无师自通，因此也认为优秀人才是通过“自然选择”产生的，这是非常危险的认识。

2. 解决企业领导力不足的对策

找到了领导力不足的原因，领导者面对变革与挑战必须不断提升自身变革领导力，但首要的是形成对于变革领导力的系统性整体认识。

一是提高领导者变革洞察能力。获得真切的洞察可以为下一步采取变革行动指明方向，有助于引领企业顺应时代的发展，获得长远的战略价值。建立新型经验是提高变革洞察能力的有效方法。为了提高领导者的变革洞察能力，需要遵循一些实用的步骤：首先，树立变革性思维，变革领导者需要建立适应新战略要求的思维方法与思维习惯。好的思维方法与思维习惯是使领导者对未来保持敬畏、探索发展的良方。树立变革性思维是提高变革洞察能力的有效方法。其次，建立新型经验，变革领导者需要面对新情况、新挑战形成自己的新经验体系。不断地总结过去变革的经验与教训、汲取标杆企业的变革经验与教训，学习好坏两方面的经验。

二是提高领导者资源整合能力。在各种变革的推进过程中，由于内部组织模块的密不可分，资源整合能力是确保变革成功的关键能力。提高资源整合能力最有效的方法是建立突破型组织。变革领导者为了取得变革的成功，必须积极地建立突破型组织，全面整合权力资源、干部资源和理念资源。首先，权力体系的支持是变革成功的最关键因素，高层的支持可以使得变革合法化，从而使变革的推行得到支持和贯彻；其次，中基层干部的广泛参与，才能够有效地推动变革的进程，组织变革才能得到更好的执行；最后，广泛的理念共识能够促使自发程度更高的沟通结构的建立，极大地促进变革信息的共享，激发整个组织的变革热情。

三是提高领导者策略推进能力。变革往往不是一帆风顺的，困难会伴随着变革的自始至终。从变革本身的重心、方向到变革中突发的种种困难，再到变革领导性格特质与变革的潜在冲突，都是变革能否取得成功的重要影响因素。这就需要领导者掌握一定的策略技巧推动变革的执行。实现平衡性驾驭是提高策略推进能力的有效方法。变革领导者对于变革的重心、方向、节奏、配合关系等的系统性把握，需要采取平衡性推进模式，从而实现战略资源的有效协同，进而推动变革稳步前进。

四是提高领导者心智反思能力。持续内向修炼是提高心智反思能力的有效方法。在变革的进程中，领导者往往左右着变革的发展。这就需要变革领导者不断反思自身的价值观，使自己形成有利于推动变革的价值观。同时，注重内向修炼，形成良好的内心心智模式，有序疏导变革带来的焦虑、恐惧等。首先，领导者需要变革价值观，形成系统化的、平衡性的，既适应现代企业变革要求的，又适应本土文化环境的价值观。变革价值观是提高心智反思能力的有效方法。其次，领导者需要进行持续的内向修炼，克制内心的内在短板。对变革的不良情绪既会使变革者自身对变革产生畏惧，又会给员工带来负面影响，这往往会使变革受阻。所以，变革领导者在面临既有认知模式遭遇到新情况的时候，需要以勇气作为安全感的新源泉，针对自身的性格特质，不断进行优化，克制性格短板，积极地进行思考，承担风险，对未来做出承诺，确保变革稳健推行。

上述 4 项建设与提升变革领导力的方法就像是钻石的 4 个构面。用系统的眼光和积极的行动来打磨钻石的 4 个构面，即全方位、系统性提升组织内部经理人员的变革洞察能力、资源整合能力、策略推动能力、心智反思能力，在思维上、意识上、行动上、心理上不断地建设与提升整个队伍的变革领导力，才有可能有效驾驭移动互联网时代的变革洪流，从而确保整个领导人队伍的能力与企业的变革战略实现最大限度的匹配。

移动互联网时代需要什么样的领导力

移动互联网时代是一个“以用户为中心，快速变化”的时代，这种时代的特征也就决定了组织中人们应该具备怎样的领导力。在这里，可以将移动互联网时代所需要的领导力具体细分为以下 4 个方面，并运用 USER 模型加以说明。如图 2－1 所示。

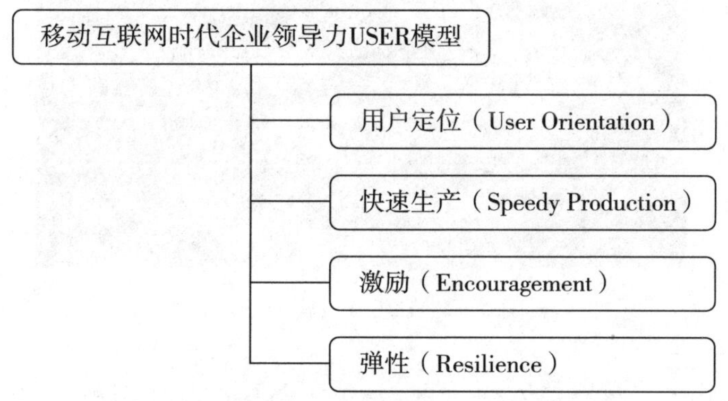

图 2－1　移动互联网时代的领导力模型

1. 用户定位（User Orientation）

所谓用户定位，就是以用户为导向，敏感地感知并把握用户需求。

领导力中最为重要的要素就是能够带领大家把握正确的方向。在移动互联网这个用户为王的时代，正确的方向是什么？就是用户的需求。所以，领导力的第一要素就是以用户为中心，敏感地感知并把握用户的需求。把握准了用户的需求，也就抓住了新的方向。

对于这一点，手游的海外推广可以为我们提供一个参考。2014 年 8 月，Facebook（美国的一个社交网络服务网站）全球精细化效果营销服务商 FBMagic 发布了一则案例，从中似乎能窥得几分奥秘。

> 这款名为《deepspacefleet》（中文译名“深空舰队”）的太空题材策略建设游戏，在海外的数据较为一般，无论是下载还是激活皆不尽如人意。FBMagic 在接过该产品的推广合作之后，针对产品的特点和之前的广告策略进行了分析，发现了一些问题。如图 2－2 所示。

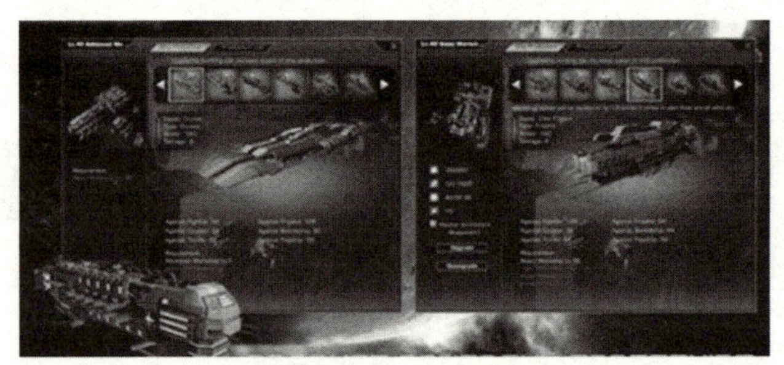

图 2－2 D. S. F（深空舰队）

> 首先，该产品在海外投放的广告 banner（网幅广告）均采用游戏的原画，这固然能够展示一种超越游戏实景的美。但需要注意的是，该产品的题材为宇宙外太空战争，过于写实的静态图片缺少令人眼前一亮的聚焦点，虽然画面很美好，绘制很精细，但同类展示广告中看不到专属的特点，尤其是针对游戏玩家的兴趣点。如图 2－3 所示。
>
> 所以，FBMagic 针对这一问题，对游戏的广告图片重新做了规划。在 IP（网络之间互连的协议）上换用了一些相似题材的战争

图 2－3　D. S. F 的旧版广告图

背景，具有明显的战斗和建造策略主题，十分具有冲击力。最重要的是，游戏的亮点得以完整展示。除了火爆的战斗效果、玩家间的激烈对抗之外，画面相较以前要更加突出主题，色彩也更加明亮，对于玩家的体验欲望起到了很好的刺激效果。如图 2－4 所示。

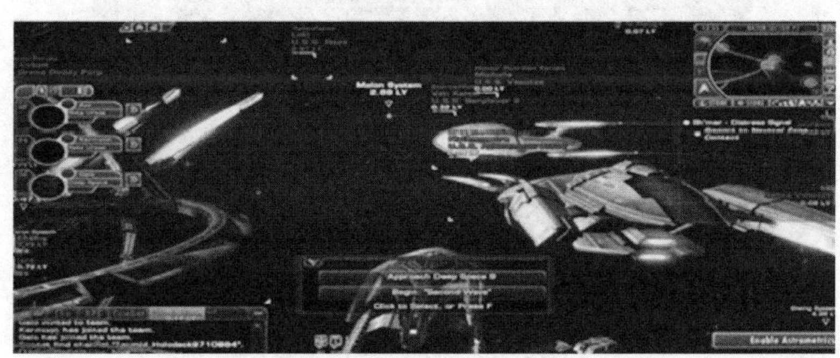

图 2－4　D. S. F 新版广告图片

因此，经过这样一个 banner 的改动，让玩家在第一眼看到的时候就可以清楚地知道游戏的类型和特点，是否符合自己的喜好。由此，点击量有了明显的上升。

除去 banner 的问题之外，用户标签的定位也是较为严重的问题。在 D. S. F 这款产品之前的推广上，用户标签采用了家用机游戏（索尼 PS 系主机，微软 Xbox 系主机以及任天堂 Wii 系主机）用户的定位。虽然这种类型的用户数量可观并且对游戏的忠诚度较高，但与此对应的，他们对于游戏的体验、画面甚至是操作要求都极高，相对于易上手、重便携的手游，主机玩家的标准几乎可以说是苛刻的。所以，在面对这些玩家的定位之时，产品只能短时间达到有限的下载效果，并不能保持长久的关注，甚至会出现不容乐观的次日留存数据。

经过分析和尝试，FBMagic 团队根据游戏的外太空战争背景，定位了一批知名度较高、有一定热度的太空题材游戏，比如星球大战等。这样仅从游戏的受众定位上，就抓住了对该题材 IP 较为关注并有兴趣的玩家群体。如图 2 -5 所示。

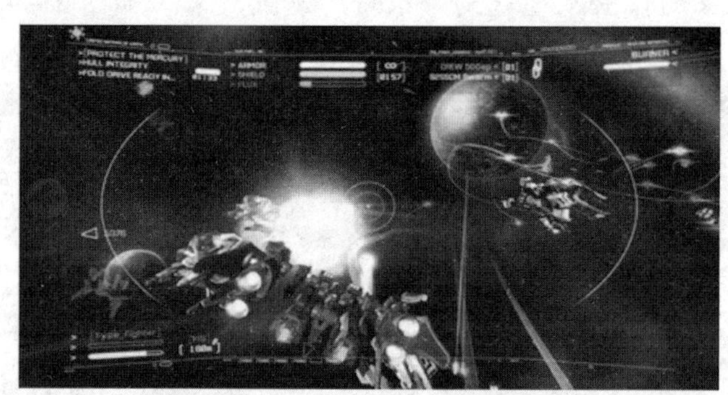

图 2 -5　网游 + 宇宙空战

之后，着力于更加精准的用户定位，对受众较多的热门网游人群进行了拓展，根据游戏广告投放地区较欢迎的网游来定位投放。比如，在欧美地区加入了星球大战：前线，而亚洲地区则添加了剑灵、天堂等。

这样的一款游戏，在经过了 FBMagic 团队修改推广策略之后，下载量有着明显的攀升，自然增长量由最初的 20% 增长到 40%，峰值每日可达到 2000 + 的新增激活。由此可以得知，明确了玩家群体定位、ASO（应用基础平台）的准备描述以及亮点鲜明的banner展示，即能保证最大限度地抓住对产品感兴趣的玩家，最大化了游戏的推广效果。这样，避免了盲目投放造成的推广成本浪费，产品在推广上花的每一分钱才是值得的，无论是对产品日后的精细化运营，还是和用户达成及时的信息反馈，都会促成一个良性循环，达到预期的成果。

2. 快速生产（Speedy Production）

所谓快速生产，就是快速带领团队完成满足客户需求的产品。

移动互联网的特点就是要快，用户没有耐心等你用一两年时间来设计一个所谓完美的东西来满足需求，管理者必须能够带领团队快速地做出满足用户需求的产品，哪怕一开始不能满足所有的需求。但是，如果管埋者能满足用户的主要需求，就是赢得用户的第一步。然后通过后期的继续和用户互动来快速迭代、完善产品，就能保持产品对用户的黏性。所以，是否具备领导力的一个重要方面就是看管理者能不能快速带领团队完成满足用户需求的产品。

以使用智能手机为例，不管是使用iPhone还是使用安卓手机，手机里的APP一般多是半个月到一个月就会更新一次。就连手机这样的硬件产品，从开发到上市的时间都已经缩短到一年以内。

3. 激励（Encouragement）

所谓激励，就是以人为本，以尊重个性的方式进行激励。

移动互联网时代是一个倡导个性、平等的时代。移动互联网技术的广泛使用更是让伴随移动互联网成长起来的新一代员工具备了更多的个性，也更加崇尚平等的价值观。所以，工业化时代的那种注重计划、过程控制的方式，一方面已经无法获得员工的认同，另一方面也无助于激发创新思维来满足用户快速变化的需求。所以，在领导力方面就要求管理者要以人为本，以尊重个性的方式进行激励。

作为互联网行业的标杆企业，谷歌在2010年1月出了一份内部报告叫《管理为何重要，最出色的管理者如何做》。其中举出了8项关键管理行为：①是一名好教练；②授权于团队、放弃微管理；③关注并关心团队成员的成功及个人福祉；④工作富有成效且结果导向；⑤善于倾听、分享，是一名优秀的沟通者；⑥帮助员工进行职业规划和发展；⑦对团队愿景及战略有清晰规划；⑧具备关键技术技能，能够给予建议。

在这8项关键管理行为中，我们可以看到①、②、③、⑤、⑥5项都体现了以人为本，以尊重个性的方式来进行激励的内涵。

4. 弹性（Resilience）

所谓弹性，就是在做好现在的事情的同时能灵活有效地应对新变化。

快速变化已经成为移动互联网时代的一种常态，作为移动互联网企业自然也要跟上这种节奏才行。因此，这种变化就要求管理者通过领导力能够保持一种灵活性，即在做好现在事情的同时，如果出现了新的变化，也能带领团队进行灵活有效的应对。这一点对于移动互联网企业特别重要。有的互联网企业管理者在这方面没有能力带领团队灵活地应对变化，结果不但没有很好地满足用户的需求，而且还造成了人员的流失。

在国内一家顶尖的互联网公司，人力资源部门经理非常苦恼，因为公司内部变化很快，经常出现今年这个团队还是全力以赴做这个产品，但是明年这个产品就要停掉，整个团队转去做其他产品。让人力资源部门经理头疼的是，每每遇到这种情况，他无法灵活有效地带领团队应对变化，要不就是出现转型后的团队士气低落、绩效迟迟无法提高，要不就是出现人才大面积流失。但是，公司培养这些人才是花了很大成本的，不管是转型后的绩效不佳还是流失，都是对公司很大的损失。

事实说明，领导力是否有效的一个重要方面就是能否保持一定的灵活性，即在带领团队做好现在工作的同时有效灵活地应对变化。

移动互联网企业是移动互联网行业的排头兵，常常使用 USER 领导力模型来重塑自己企业内部的领导力要求。同时，随着移动互联网技术对于传统行业的影响不断加大，在不远的未来，传统行业的领导力要求也会向 USER 领导力模型方向发展。

移动互联网企业领导力的提升

按照“国际领导力大师”约翰·马克斯韦尔的观点，领导力有 5 层境界：一是靠职位。员工服从你，因为这是他们的职责。二是靠认同。员工服从你，这是他们的心愿。三是靠成就。员工服从你，因为你为企业所做的一切。四是靠育才。员工服从你，因为你为他们所做的一切。五是靠做人。员工服从你，因为你就是你。约翰·马克斯韦尔认为，第一层为职权领导力（基于职责），也就是以权力为基础的领导和被领导关系；第二层为人际领导力（基于认同你），是以关系为基础的领导方式；第三层为产出领导力（基于方向和成就），建立在领导者自身的价值基础上，跟随者之所以愿意跟随领导者，是因为看到了他身上的价值；第四层为授能领导力（基于培育人才），领导者的重心已经放到了对人的投资和培养上，这一层次的领导者，不仅自己身体力行，更为重要的是知人善任，挑选合适的、有潜能的跟随者并加以培养，使之成为未来的领导者；第五层为真我领导力（基于使命），在约翰·马克斯韦尔眼中的第五层次，是一种境界，一种为公众利益服务的境界，到了这一境界，人们因为他在公众面前建立的影响力和威望而跟随他、崇敬他。

约翰·马克斯韦尔的5种领导力在我国的企业有具体的表现形式：一是靠职位。这在国美、苏宁等传统行业做得很好，这是基础，即让每一个岗位上的人明确自己的职责，并且监督他们的执行。二是靠政策和激励。很多中国的民营企业就是这样，郎酒之所以发展得那么快，业务收入每年翻番，就是靠机制、好的激励政策和执行。三是靠目标愿景、战略和决策。华为是这方面的典型，在一片竞争惨烈的市场，靠制定明确的目标愿景，靠具体的战略执行和正确决策，带领一个组织发展壮大。四是靠培养和发展员工。平安、万科就是这样的典型。类似这些组织都有一个特点，一个是房地产行业的黄埔军校，一个是保险业的黄埔军校，又叫作挖不垮的企业，是因为他们的人才发展已经成一体系，成千上万的普通员工经过他们的人才体系洗礼，出来的就是能征善战、无坚不摧的千军万马。五是靠信仰和核心价值观的表率。阿里巴巴是这方面的典型，信仰和核心价值观引领的企业，可以舍弃某些不适合本企业文化的客户，给员工灌输做人和商业的价值观，并且把这些价值观放大到客户和行业环境之中。比如阿里巴巴对于诚信的坚持，运用技术的手段，正在慢慢改变着中国的商业环境。

无论什么企业，他们的领导力模型一般都是这些内容，比如阿里巴巴。以下就以阿里巴巴的领导力模型和阿里巴巴的领导力培养来说明移动互联网企业领导力提升的问题。

1. 阿里巴巴的领导力模型

领导力模型必须要支持公司的业务战略，支持公司所期望建立的企业文化。阿里巴巴的领导力模型包含两部分：第一部分是六脉神剑，也即对所有员工的素质要求；第二部分也就是在六脉神剑基础上增加针对领导者的另外 3 条：眼光、胸怀、超越伯乐。

这里抛开“阿里巴巴六脉神剑”不说，单说领导力。从第七条开始，是对阿里巴巴领导者的要求。其中，“眼光”就是约翰 · 马克斯韦尔的第三领导力，“超越伯乐”就是第四条领导力，“胸怀”说的也是做人，也就是第五条领导力。

互联网企业领导力的“眼光”包含 3 层含义：一是会看，即看到别人没有看到的机会，防止灾难；二是会出售，即让大家参与进来；三是取得理想结果。

所谓“会看”，就是机会和灾难都要看到。知未明，观未见：知道别人还没明白的，看到别人还没看到的。事实上，在互联网企业中，战略是三分看出来，七分做出来的。大方向对了，不断试错。好的战略是“苦熬”出来的。不管能否看清未来的方向，至少自己要经常去思考，经常抬头看路，而不是一直埋头赶路。

所谓“会出售”，是指自己看到了，还要会让大家对机会兴奋起来，对灾难重视起来。眼光需要全球化。21 世纪的成功领导人要素是开放、分享、全球化和责任感。

所谓“取得理想结果”，就是不仅要有眼光，还要有结果。通过别人拿结果，通过结果不断修正自己对方向的判断。要拿到结果，需要在组织、文化和制度上相应的支持。

互联网企业领导力的“胸怀”包含 3 层含义：一是领导者是寂寞的；二是胸怀是冤枉撑大的；三是心态开放，能倾听，善于换位思考。

第一个含义说的是，领导人越往上走，就会越寂寞，这是一个必经的过程。很多领导者会有很多抱怨，但是请提醒自己，调整心态，这是一个正常的情况。既然要成为领导人，就要经过这个过程。做领导人，一定要做决定，而且很多决定往往是需要力排众议的。克林顿曾经在达沃斯说，如果有 30% 的人同意他的决定，他已经高兴坏了。因为你处在这个位置，你看到的东西要比别人多；反过来也许能理解你的人就会更少。在寂寞中找到不寂寞的东西，要能耐得住寂寞，学会自得其乐，宁静以致远。

第二个含义说的是，作为领导人，一定会有被冤枉的时候，这也是正常的情况。当被冤枉的时候，有胸怀的人才能坚持。

第三个含义说的是，胸怀首先是开放，只有领导人的沟通是开放坦诚的，才能让下面的人也开放坦诚地沟通。胸怀其次是包容，包容各种各样的人、思想和文化。要做到包容，自己不要有太多先入为主的判断，要善于倾听和换位思考。

互联网企业领导力的“胸怀”，恰如“上善若水”，领导人最高的境界是如同水一样：水能高能下，流动中无形，但是旁边的东西什么形状就是什么形状，至柔至刚。

互联网企业领导力的“超越伯乐”也有3个含义：一是找对人。知人善用，用人所长。二是养好人。在用的过程中养人，在养的过程中用人。三是养成人。造接班人，鼓励“青出于蓝胜于蓝”。

善用人者，为之下。欣赏自己的同事，待人谦和，善于从他们身上学习。不争之德者，为用人之上。不争之德，不以权力压人，不轻易发怒。

善于发现同事身上的优点，并用其所长。有意识地把人放到给他更大责任和压力的地方，会让他成长得更快。通过别人拿结果，通过结果培养人。

阿里巴巴的领导人要有老师的心态。凡是做领导的人，应该把培养接班人作为首要任务，要有胸怀去找能够超越自己的人。

2. 阿里巴巴领导力培养

阿里巴巴的领导力培养主要体现在以下几个方面：

一是重视团队。1999年，创业之初，马云决定用集资的形式凑齐阿里巴巴的50万元启动资金。这次集资的重要意义首先在于，它决定了公司的性质是合伙人的股份制公司。当时中国人创办公司绝大多数是自己控股，自己当老板，而且一般控股都在60%～70%。以后即便股权稀释，创始人也永远控股，永远是大老板。就连新生的网络公司也未能免俗。阿里巴巴的50万元启动资金，马云自己完全可以解决，无非多借点而已。当时马云要想控股，要想当老板轻而易举，而且团队其他人也不会反对。但马云还是慷慨地把自己的股份分给了18个创始人。他看重的是团队，是朋友，是友情，这是阿里巴巴价值观的源头。

二是激励机制。在阿里内部可以说有一个共识——（现金）奖金是对过去表现的认可，受限制股份单位计划则是对未来的预期，是公司认为你将来能做出更大贡献才授予你的。在阿里巴巴集团的股权结构中，管理层、雇员及其他投资者持股合计占比超过40%。根据阿里巴巴网络的招股资料，授予员工及管理层的股权报酬包括受限制股份单位计划、购股权计划和股份奖励计划3种受限制股份单位计划：4年分期授予无论是在曾经上市的阿里巴巴网络，还是在未上市的阿里巴巴集团，受限制股份单位计划都是其留住人才的一个重要手段。员工获得受限制股份单位后，入职满一年方可行权。而每一份受限制股份单位的发放则是分4年逐步到位，每年授予25%。而由于每年都会伴随奖金发放新的受限制股份单位奖励，员工手中所持受限制股份单位的数量会滚动增加。这种滚动增加的方式，使得阿里巴巴集团的员工手上总会有一部分尚未行权的期权，进而帮助公司留住员工。

三是轮岗制。在阿里巴巴，如果一个人在某个职位上干了3年以上，就到了轮换新岗位的时候。在集团公司系统内推行管理层轮岗，一方面有利于集团培养、考察和选拔企业高级管理人员，也有利于集团内部增进理解、促进协作，发现弊端、防止腐败；另一方面可以为员工个人成长创造更多的锻炼机会，丰富管理经验，开发多种能力，且有助于避免僵化、促进创新，消除官僚、活跃思想等。轮岗制也利于员工与企业的双赢。从企业层面讲，轮岗可以有效储备人才，从而提升组织的安全性、稳定性、动态适应能力以及组织跨部门协作的效率与效益。另外，在培养企业接班人方面，轮岗也具有不可替代的价值。跨部门的轮岗一方面可以使管理者和员工亲身体验其他部门工作的艰辛与内涵，从而能站在更高的角度上思考与处理问题，学会换位思考；另一方面可以融通相互之间的人际关系，中国的文化传统重视人情，人情在，相互之间的沟通就会顺畅得多。从员工层面，轮岗不仅对企业有着多方面的价值与贡献，也同样非常受员工的支持与欢迎。轮岗可以重新点燃员工的工作兴趣，并有利于员工自我职业生涯规划的确立与调整。

四是注重速度。在互联网领域，速度就是一切，在中国尤其如此。高度提倡个人自主的马云鼓励员工“一起努力把每一个事业部变成小而美，对生态发展有重大作用和价值的群体”。阿里巴巴在员工职业发展方面的策略至关重要，而且“个人自主对这个集团的重要作用怎么夸张都不过分”。与西方公司相比，在阿里巴巴个人被授予的权力要大得多。在经营中最重要的价值观是拥抱变革，这意味着团队和领袖快速采取行动是非常重要的。

阿里巴巴领导力模型所展示的领导者的眼光、胸怀、超越伯乐，以及阿里巴巴领导力培养，堪称互联网企业提升领导力的方向。因此，他们的做法值得各企业学习。

第三章 互联网创业者必修的领导力框架

互联网创业者必修的领导力整个框架如下：思想领导力强调拥抱新想法的创业精神和营造创新文化；人才领导力强调让每个人发挥出特长；业务领导力强调理解客户；组织领导力强调动员团队和推动组织变革；自我领导力强调保持好奇心，注重自我发展及适应性。要注意的是，这套框架是告诉你应该在哪些方面做到什么水准。至于应该如何做到，还需要学习各种知识和方法，以及不断在实践中去体悟。

思想领导力：拥抱新想法

思想领导力是指具有创新的思想从而能引领他人的能力。思想领导力的两个关键要素是创新和引领，仅有创新思想而没有引领他人追随自己的能力，只能算是有创新意识而非有领导力；相反，仅能引领他人追随自己而没有创新的思想，只能算是传统的领导力而非思想领导力。思想领导力是互联网创业者领导力核心框架的重要组成部分。

1. 由一个微博小段子说开去

微博上曾经热传这样一个小段子：

> 一村产石，村民打石卖给修公路的，多年苦力，薪资微薄。一人见石头形状怪异，便卖进城做景观，遂成全村首富。后来禁止采石，村民开始改种香梨。一人见梨树已多，于是改种柳树，编柳条筐装梨，结果也迅速发家。4 年后，火车过村，一人在铁轨旁建起一堵墙，众人不解。不久，墙上刷起了知名品牌的广告，筑墙人收获了不菲的广告收入。

这个小段子告诉我们：大环境差别不大，但商机却是无处不在，能否抓住要有新思维。对于广大互联网企业领导者说，如何在不确定性中实现稳健的生存与发展，最需要的，还是创新思想。

牛顿从苹果落地发现了万有引力，瓦特看见炉子上烧水的壶盖被水汽顶起而受到启发，改良了蒸汽机。苹果与万有引力、水壶盖与蒸汽机，在一般人看来是风马牛不相及的事物，牛顿和瓦特却能够从这些不同的事物中揭露客观事物的本质及其内部联系，并且在此基础上产生新颖、独创和有价值的思维成果，这种解决问题的思维活动就是创新思想。

美国商学院很重视创新课程，但在国内动辄四五十万元学费的EMBA（高级管理人员工商管理硕士）班中，都寻不见这门课的踪影，这些学校在招生中都会暗示自己有多少政府高官在读，都会明确把“领导者人脉”当成吸引领导者入伙的卖点。其实，每每说到创新的话题，不能说没有领导者认可，但很可能更多的商界人士不以为然。在中国经商，创新对于有的人是需要的，但对于大多数人是多余的。我们的现实是，垄断榨取暴利，投机获得暴利，而风险几乎可以忽略不计。如果你找到一个好的平台，各种资源就会尽归于你，你的企业很平庸，但利润可能最丰厚。所谓创新，就纯属局外人的美好想象。

创新思想不仅是技术创新和产品创新的源泉，也是组织创新、营销创新、制度创新、商业模式创新等的源泉。在移动互联网时代，企业的创新思想不仅需要具备创新思想的人才，同时也需要有助于激发创新思想的组织氛围，因此，企业的创新思想能力取决于个体和组织两大因素的影响。只有克服个体和组织中创新思想的障碍，才能为培养和激发企业的创新思想能力营造有利的条件和氛围。

创新需要极大的勇气、顽强的毅力和长期的坚持；创新需要长远眼光，容不得半点急功近利；创新还需要巨大的投入，容不得浅尝辄止、好大喜功。在当今的中国，有多少人愿意甘为人梯、为创新者提供长期的支援和支持？有几人愿意为了创新的完美、让创新的成果在他人的任内呈现？民营企业普遍资金短缺，在周转资金困难、生产难以为继的情况下，又有几家有实力投入巨资花在产品研发或技术攻关上面？

> 几年前，谁会相信诺基亚会将手机品牌霸主的宝座拱手让给iPhone（苹果）？谁又会相信比尔·盖茨微软的软件收入会输给乔布斯的苹果？不仅如此，2012年8月11日，苹果公司的市值还一度超过了埃克森美孚，成为世界第一、全球最有价值的上市公司，并且超过包括伊朗、泰国、丹麦和希腊等165个国家年度GDP（国内生产总值）的总和。不可否认的是，诺基亚和微软几年前还曾是以创新引领世界的品牌巨子，但它们的创新并没有进行持续的保鲜，较之于苹果却相对地停留于静态化了：当苹果已将移动互联网置于手掌（手机）之间时，诺基亚还沉迷于自己的手机品质如何抗摔、过硬；当乔布斯吸引全球的软件工程师及其爱好者，在苹果的平台上开发软件卖钱时，比尔·盖茨还在坚守激发微软的软件开发团队的积极性。

事实说明，创新，就是拥抱新想法；而且创新必须是动态化的，只有动态化的创新，才能继续引领新世界。

谈到创新，不少领导者就会滔滔不绝，“我们要进行理念创新、战略创新、创新思想、产品创新、技术创新”“我们要实现全方位创新”“不创新，我们就死路一条”，等等。同时，他们也会抱怨创新型人才缺乏，实现创新太难。企业没有明确的创新方向和重点，缺少对创新目的、方法的学习了解，是导致领导者认为创新难的主要原因。而没有创新思想的企业多半都是短命的，但假如有了创新思想却时常怀疑这种创新结果，根本就不会有什么强大的生命力，创新思想只是流于形式的一个摆设花瓶而已。

2. 构建创新文化

要能够在团队中构建一种创新文化。文化不是喊口号，而是体现在每一个人的点滴行为中。构建创新文化需要认真回答下面的问题。如表 3－1 所示。

表 3－1　　互联网企业创新成功的奥秘

序　号	问题与思考
1	创新文化需要创新土壤才能生根发芽。我们是否有着创新所需的组织结构和流程？抑或我们的组织结构是扼杀创新的
2	创新文化需要鼓励从错误中快速学习。我们是否有着乐于失败（happy to fail）的心态？抑或我们懒于管理、只是简单地依据数字指标进行奖惩
3	创新文化需要最大化人才的创造力。我们是否鼓励每个人充分发挥自己的所有能动性和能力？抑或我们并不懂得如何尊重每个人的专业性，未能给予每个人以充分发挥和成长的空间
4	创新文化需要聆听市场的声音。我们是否精于构建社群并与社群中的用户紧密互动，共同打磨产品和业务？抑或我们只是坐在办公室中自娱自乐，进行自以为是的设计
5	创新文化需要把人和思想置于管理哲学的核心位置。我们是否释放了每一个人的创造力？还是我们的领导水平只够得上用人之手脚，而不能用人之头脑

3. 创新思想与领导力

在实战中，“创新思想与领导力”究竟意味着什么？首先，思维方式的创新比知识的创新更重要，只要思维方式有所创新，就能源源不断地产生新知识。创新领导者之所以能够长久保持高水准的创新能力，其背后有以下 5 个奥秘，如表 3 – 2 所示。

表 3 – 2　　　　互联网企业创新成功的奥秘

序　号	内　容
1	优秀的公司往往不畏风险，积极面对挫折，并勇于探索界限之外的风景
2	善于观察一般人习以为常之事，从细微处入手，才会拥有打破常规的能力
3	以使命激发团队激情，营造内部竞争气氛，促使团队更快地到达胜利的终点
4	敢于为公司注入新鲜血液，雇用一些偏离主流的员工，你会获得意外的惊喜
5	创新的最大障碍是公司固定的意识倾向，不要让僵化的思想侵蚀人们的精力

总之，思想领导力应该是制定标准去影响他人遵从标准的能力，谁拥有这种能力，谁就能在繁杂多变、激烈竞争的环境中脱颖而出、引导潮流。无论是单个个体还是一个组织甚至是国家民族，莫不如此。作为互联网企业，没有强大思想领导力，就只能亦步亦趋。互联网企业在多变的环境中立于不败之地，任重而道远，但首先必须高度重视思想领导力这一企业核心竞争力！

人才领导力：让每个人发挥出特长

在 21 世纪，无论怎样渲染甚至夸大人才的重要性都不为过。21

世纪是人才的世纪，21 世纪的主流经济模式是人才密集型和智力密集型的经济。拥有杰出的人才可以改变一家企业、一种产品、一个市场甚至一个产业的面貌。对于 21 世纪的互联网企业管理者而言，人才甚至比企业战略本身更为重要。因为有了杰出的人才，企业才能在市场上有所作为，管理者才能真正拥有一个管理者应有的价值。

> 谷歌公司最顶尖的编程高手 Jeff Dean 曾发明过一种先进的方法，该方法可以让一个程序员在几分钟内完成以前需要一个团队做几个月的项目。他还发明了一种神奇的计算机语言，可以让程序员同时在上万台机器上用最短的时间完成极为复杂的计算任务。毫无疑问，这样的人才对公司来说是有非常特殊的意义的。

人才领导力是领导力开发的一个重要维度，旨在发挥出每一个人的最大长处。这又分为 3 个层次：初级，培养人才；中级，确保团队的组织承诺；高级，为未来发展储备能力和素质。在具体实施过程中，以下几个方面的工作是需要做好的。

1. 发现潜能，善用天赋

培养人才的最好方法不是公司培训，也不是辅导教学，而是知人善用，把人放到最合适的岗位去锻炼和发展。也就是发现每个人的潜能，善用他们的天赋。低绩效组织根据个人被认为具备的能力（依据简历或者学历）来安排岗位，而高绩效组织根据个人对哪个领域充满激情来安排岗位，从而实现跨越式的成长。

2. 扶上马，送一程

当把一个人放到匹配的岗位上之后，领导者的工作远未结束。我们要扶上马，更要送一程，还要时刻关注其成长状态，及时运用不同的领导风格来帮助他。“情境领导”就是一个很好的工具。它把一个人在一个岗位上的成长过程划分为 4 个阶段，并指出领导者在 4 个阶段需要采取 4 种不同的领导风格。

第一阶段：见龙在田。刚刚被放到最有激情的岗位的新手（对新岗位的需求而言是新手），就像龙刚刚浮出水面，出现在田野中，心中跃跃欲试，唯愿大展宏图。此时应给予他明确的方向指导，帮助其尽快进入轨道。

第二阶段：终日乾乾。经过一天天从早到晚的勤奋和忙碌，却因为一时无法吃透新岗位的“门道”而初尝步履维艰的滋味。此时应给予其感情上的支持、鼓励，并指明提升的方向和方法。

第三阶段：或跃在渊。能力已经足以胜任，但是因为之前的挫折造成了畏难情绪，导致无法进一步提高。此时应帮助其开悟和实现自我突破。

第四阶段：飞龙在天。开悟之后进入到最后一个阶段，就是如鱼得水、游刃有余的完全胜任阶段。此时新手已经毕业，可以在新岗位上独当一面。此时无须更多支持性帮助，而只需为其明确方向就可以自然得到良好结果。

培养人才，就是不断发现每一个团队成员的独特潜质，知人善任，并扶上马送一程，帮助其快速提升到胜任阶段。

3. 只有输出，没有输入，人才便会干枯

人才的使用过程，是一个人才的输出过程。任何一个系统，如果只有输出而没有输入，那么，这个系统就会无法维持长久，就会失去应有的功能。要使人才保持并增长其才能，则必须重视人才的才能输入，重视培养。更重要的是采用多种形式，在实际工作中进行培养和锻炼，不断提高其适应飞跃发展的新形势的能力。

只有成就员工，才能成就团队、成就公司，进而成就老板；怕员工出风头、居功自傲，那是因为你要么心胸不够，要么你仅仅是利用员工而已；好的老板一定要关注员工的成长甚于公司的成长，公司最大的投入也应该放在员工身上而不是固定资产、营销等。

4. 育人的基本原则

培育人很重要，如何有效培育人更为重要。常见的现象是费力不讨好，上级苦口婆心，三番五次，最后仍然不长进。有一个根本原因，教育完以后，下属有极大的挫败感，或逆反心态，至少心里并没有认同。所以，在培育员工时必须遵循以下原则。如表 3 – 3 所示。

表 3 – 3　　育人的基本原则

原　则	内　容
思想为先	思想决定行为。因此，培育下属，要首先注重对价值观/态度、责任心、思想观念等的教导
以身作则	言传身教，以身作则是培育下属最起码的要求。领导能力自己没有做到的就不可能要求下属做好

续 表

原　则	内　容
及时纠错	及时纠错是指领导能力在下属工作中发现问题或错误时，要及时给予更正
循序渐进	柳传志说："培养人才跟培养裁缝类同，不能一开始就给他一块上等毛料做西服，而应该让他从缝鞋垫做起。"
因材施教	不同员工的背景、基础、潜力都是不同的，因此，培育下属要根据这些差异，因材施教
激发鼓励	有时候下属可能对自己缺乏信心，不能清楚地认识和评价自己，这时，领导能力要多多鼓励下属，激发下属的潜能

总之，一个杰出的个人和一个世界级的领导者之间最大的区别在于教导他人的能力。领导者不能只有内在的知识，还要能够将这些知识传达出来，以便让他人理解并促进他人的成长。作为一个领导者，在实践中要回答"我做得怎么样"这个问题，得看你所领导的人们做得怎么样；他们是否在学习；他们是否走访顾客；他们是否能处理冲突；他们是否能引领变革；他们是否在不断成长和提高，并且不断得到提升？

业务领导力：聚焦用户需求

聚焦用户需求首先要理解客户，即对细分客户群的洞察能力。对于互联网常见的多边模式而言，很多情况下需要首先考虑用户需求。聚焦用户需求，要求我们能够坚持以用户为中心设计产品，坚持围绕用户开展运营和业务活动。这是业务领导力的集中体现。

1. 业务领导力之理解和洞察用户

对用户的理解和洞察需要做到以下 3 点。

一是坚持以用户为中心。这句话说起来容易做起来难。因为从自己的角度思考问题和做事情是容易的，而从他人的角度出发去思考问题和做事情是困难的，是需要克服人的本性的。

互联网公司汽车之家刚开始做的时候，所有的汽车网站周六、周日都不更新。他们就周六、周日做两部分内容，时效性比较强的放在周六更新，一部分定时发布，周日更新。这样周六、周日都有更新，那时候访问量不断上涨，属于白送流量。因为任何的消费者都需要看车，那时候真的没有什么东西可看，一个网站一篇文章恨不得看十遍。

二是预见用户需求。它要求我们能够洞察用户尚未被发现的需求，甚至这需求连用户自己都不知道，直到他看到了你的产品。

当年 iPad（苹果平板电脑）尚未问世的时候，全世界几乎所有的评论家都异口同声地说这款产品定位模糊，实用性差，一定会失败。但是，iPad 一发布，销售火爆。

三是构建用户认知。它要求我们能够塑造用户偏好，引领市场潮流。用户的本质需求只能被发现和遵从，但用户的需要偏好可以被引导和塑造。

在第一台内置摄像头的手机问世的时候，没有哪个用户觉得手机中内置一个如此低端的摄像头会有什么太大作为。从卡片相机到单反相机，没有谁感到自己的市场地位受到了威胁。时至今日，iPhone（苹果智能手机）的内置摄像头已经被越来越多的摄影爱好者所喜爱，不仅卡片相机已经被大众遗忘，甚至连高端相机都被迫缩减市场。

对用户的理解和洞察是业务领导力至关重要的一点。初级水平要坚持关注用户需要什么并能站在用户角度做正确的事，中级水平要善于发现用户自己尚未发现的需求并用你的产品和服务满足他，高级水平要坚持做好对用户真正有价值的事情，最终影响和改变了整个群体的选择。

2. 业务领导力之执行力

业务领导力尤其需要执行力！所谓执行力，是指落地实施的能力。根据不同的衡量标准，业务领导力的执行力又可具体分为如下 3 个层次：初级，要求优秀的执行；中级，创造业务价值；高级，保证取得出色业绩。

要求优秀的执行，是指一个领导者能够时刻要求团队坚定、高效地落实和执行既定的设计和计划。比如，一个产品经理，作为产品的领导者，能够坚持要求团队不折不扣地按照产品设计把产品做出来；一个项目经理，作为项目的领导者，能够持续推动团队按照计划和节奏持续交付，如期发布；一个 QA（质量保证）工程师，作为质量管理的领导者，能够严格把关团队交付的产品，守卫产品的质量；一个运营经理，作为运营的领导者，能够坚持要求团队聚焦用户需求进行运营，提升用户活跃度和黏性。

创造业务价值，是指一个领导者能够在做到优秀执行的基础之上，能够进一步关注团队工作所创造的业务价值，并以此指导执行的优先级。一个优秀的产品经理，能够在有“形”之前的层面上思考产品的价值和逻辑，关注产品本质，深度思考业务模式和用户价值，并以此指导产品设计的侧重点和优先级，确保产品是在解决一个正确的问题，而不是徒有其表、实无价值。业务价值是多层次、多方位的，产品的目标是模式和用户体验，项目的目标是交付效率和交付质量，QA 的目标是产品质量，运营的目标是用户黏性或活跃度，客服的目标是用户满意度。

保证取得出色业绩，是指一个领导者能够关注拿到结果，而不只是过程。带领团队树立一个又一个里程碑，不断向更高目标进发。昨天最好的成绩就是今天最低的标准。一切的执行，最终都要靠出色的业绩说话。真正出色的业绩，不是按时完成任务，而是业务结果的突飞猛进。

组织领导力：善于动员你的团队

组织领导力也就是团队领导力，体现为有责任感，善于配合他人，团结，有领者风范。组织领导力其实包括了两个重要方面，一是动员团队；二是推动变革。

1. 组织领导力之动员团队

动员团队，就是发挥团队多样性，推动组织配合，跨边界领导。

优秀的团队一定是充满多样性的。能力不同，背景不同，思维方式和看问题的角度不同，文化不同，甚至语言不同。团队多样性越大，创新能力越优秀，对于领导者的挑战也就越大。优秀的领导者总是善于借助团队多样性的力量，相反，不够入门的领导者会把多样性当作是一种障碍。他们常常困惑于一个背景完全不同的团队成员完全无法理解他自认为讲得很清楚的事情，从而倾向于组建一个多样性匮乏的团队。而多样性匮乏的团队恰恰很难成为优秀的团队，因为他们虽然有着共同的语言，但是却同时有着共同的盲区。

一个人也是有着多样性的。他可能有着复合型的技能。他是横向人才，也就是俗称的多面手。优秀的领导者会让他去发挥，哪怕这个技能分支还处于发展状态。而不够入门的领导者会试图限定每一个人的边界，并阻止越界。因为他无法正确区分“配合”和“干涉”，所以他无力掌控一个人人之间工作交织结网的局面。从而无法把每一个人的潜力发挥到最大，也就无法把团队的潜力发挥到最大。

因此，团队多样性是弥足珍贵的财富。每一个领导者在组建团队的时候都要有意识地增加团队的多样性。

组织配合又叫组织对齐，是指组织结构内部的各个方面需要协调一致、相互配合。比如一个公司内部，管理理念，制度，流程，人际关系，知识体系，培训，招聘，奖励制度，等等，需要协同配合起来。又比如一个产品项目执行所涉及的前后各个环节，需要高度配合，有机协作，互相补位。只有一个各方面相互配合的组织，才能成为战略落地的有力支撑。

相互配合，传球而不是抛球，互相补位，每个人都多迈出半步，球就不会掉在地上。相反，每个人都退缩三分，守着自己的一亩三分地，就必然造成配合脱节，工作出现疏漏。

跨边界领导的含义是，企业越成熟，就越趋向于把人限定在边界明确的格子里。当格子之间没有间隙的时候，工作可以顺利高效的传递。但是，外部世界是剧烈变化的，以至于组织内部的边界也常常被打破。这时候，人员严重缺乏主动补位意识的大企业就会陷入巨大的组织困境。这个组织困境就是，有一堆优秀的人，但是他们完全不能发挥作用。他们已经懒得走出自己的边界去过问一下别人的事情了。于是，他们忙碌，或者不忙碌，都创造不了业务价值。最终，集体被淘汰。这方面的例子太多，无须再举。

跨边界领导就是说领导者要能够主动打破组织界限，横向跨部门推动工作。如果说上面讲的推动组织配合更多是指团队内部各板块之间的高度衔接和合作的话，那么跨边界领导就是指横向对兄弟部门（部门层面）或者伙伴公司（公司层面）的带动了。内部的组织结构整合、资源调动或多或少有着岗位权力来支持领导力的实施。横向动员和发动他人则更加考验领导者建立在影响力基础上的领导力水平。

2. 组织领导力之推动变革

推动变革也是组织领导力非常重要的一个方面，包括实施变革、拥护变革、推动彻底的和激进的变革 3 个层次。

绝大多数人是喜欢稳定性，而不乐意变化的。在变革来临之际，大多数人的第一反应是拒绝、茫然、不知所措，然后是沮丧、失落，最后是逐渐认清现实，开始接受。然而，市场瞬息万变，组织不主动求变，就会被市场的变化所迫使。被迫改变是痛苦的，且往往太迟了。正所谓“人无远虑，必有近忧”“生于忧患，死于安乐”。

实施变革，说的是哪怕内心尚未完全接受改变，先行动起来，坚决执行变革。

拥护变革，说的是乐于接受变化，对变革喜闻乐见、坚决捍卫。

推动彻底的和激进的变革，说的是变被动为主动，主动发起和推动变革，而且是一剑封喉、一针见血的变革。这需要我们能够从纷繁复杂的迷雾中找到问题的关键点所在，然后彻底改变、消除问题的根本症结。

自我领导力：好奇心、自我发展与适应性

自我领导力包括 3 个方面的内涵：一是好奇心，二是自我发展，三是适应性。而这三者都是依赖于自我观察来实现的。

1. 自我领导力的内涵

好奇心是一种求知欲，兴趣是最佳的原动力。对世界保持巨大的好奇心引导我们去探索这个世界，从探索中我们得到了知识和成长，启迪了我们的发明创造。对他人保持好奇心引导我们去沟通、去了解其他人的工作。了解别人工作中的趣味和挑战，启发了我们更好地合作。

自我发展即坚持不断地学习和成长。学习，要做到“学而时习之”，所谓“格物致知”者是也。知行合一，才能不断提升自我。人生就是一场修行，创业就是一种人生。

适应性分为 3 个阶段，即初级阶段的灵活性、中级阶段的掌控模糊性和不确定性、高级阶段的展示出从困境和挫折中快速恢复的能力。

灵活性是说一个人不要死脑筋、一根筋；要具体问题具体分析，不要心存成见和偏见；要能够灵活运用不同的语言表达来和不同背景、不

同思维模式的人沟通和交流，不要只会一种语言。

模糊性和不确定性是说创新所面临的问题一定是非常模糊的，创业所面临的市场一定是高度不确定性的。领导者就是需要能够掌控这种具有挑战性的局面。

恢复能力是一种自我修复的能力，是内心强大的表现。脆弱的人受不得一点委屈和打击，而强大的人则视挫折为蓄力的最佳机会。

2. 自我领导力的自我观察

中国的儒家文化特别强调自我观察。提升自我力先要自我观察。自我观察有 3 个维度，一是自我的身体力量；二是情感的力量；三是智力的力量。

据说孔子的几个弟子都问孔子，什么是君子。孔子回答，能够让人知我，让人爱我是“士”；能够我知别人，我爱别人，可谓“士君子”；能够自知，自爱，便是明君子。这些古训都是在讲自己和他人的关系。我们说领导力的核心要有目标，有意义，有选择，要有改变，出发点首先是要看清自己，“将眼睛挂到墙上，将自己作为对象观察”。

每个人都有一个关注集合，构成关注圈。也有一个影响集合，构成影响圈。可以将关系圈和影响圈放在一起做比较。积极能动是一个什么心态？就是不断扩大影响圈，积极能动的人，都是想办法发挥潜力的人，绝对不在无法影响、无法改变的人和事上下徒劳无功的辛苦。

自我调控的过程中有两个非常重要的环节。一个环节是倾听，从而移情。移情不是把别人的感情当作自己的感情，而是在做决策时，要考虑到他人的感情。在任何组织中，做到由独立到相互依存，移情是非常重要的品质。很多人不会听，因为听既要听话内的信息，又要听话外的意义，还有话语背后隐含的思想和情感。另一个环节是社会技能。社会技能高的人表现出怎样的特征？卓越的游说家、高效的合作者，能够把自己融入到团队中，广泛交接，因为许多事业，现在建立的社会合作关系就是未来成功的基本依托。

自我力提升是一个终身过程。从自我领导到组织领导，是一个永无止境的曲折上升过程。

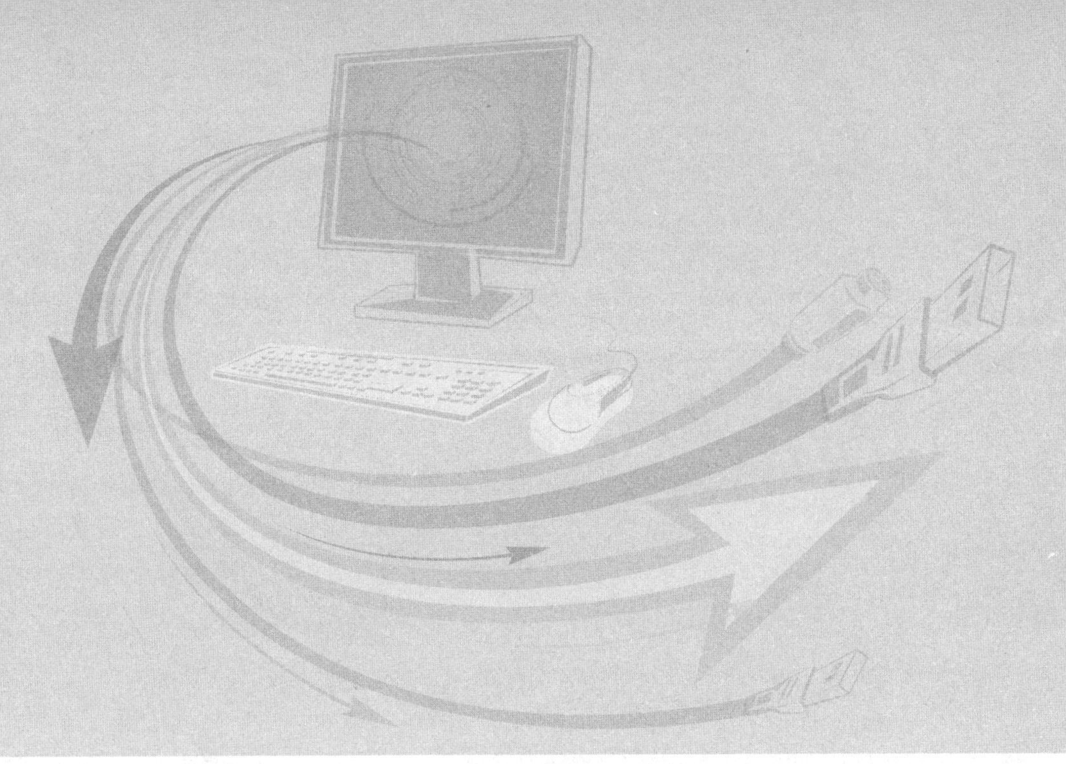

第四章

互联网企业的人力资本管理

互联网企业本身的固定资产很少，主要依靠的是人力资本，吸引和留住那些能够为企业带来高竞争力和附加值的人才至关重要。为此，需要把好招聘关，加强人才培养，设计薪酬体系，发挥福利措施的激励作用，注重“沟通式”绩效管理。互联网企业的人力资源管理必须在发展中求变化，在变化中求发展，这也是每一个人力资源管理从业者长期的使命。

互联网时代是人的一场革命

互联网时代是人的一场革命，人力资本的主导地位优势逐渐凸显。在这方面，小米公司的许多做法值得借鉴。

小米公司成长是互联网时代典型的现象。小米在短短的几年之内，迅速集中一批优秀的企业家；短短的几年之内，依靠互联网技术的创新，迅速成为手机行业的黑马。按照雷军的说法，他的管理团队创新就是基于互联网思维，他提出要和一群聪明人一起共事，为了挖到聪明人不惜一切代价。他觉得如果一个人不够优秀，很可能不但不能有效地帮助这个团队，反而有可能影响到这个团队正常的工作效率。小米人，都是在互联网干过的人，有一流技术，有热情，有战斗力，真正体现了一流员工做出一流的产品，一流的贡献。

雷军认为，优秀人才本身就有很强的驱动力和自我管理能力，并以此设定管理方式和信任的方式。雷军说，小米的建立是基于使命感，基于信仰，当员工对公司的产品有信仰，管理就变得简单了。其实最重要的是，他的团队里面都是一些已经衣食无忧的人，所以这批人才可以靠信念聚在一起。小米不设立考核指标，大家都在拼命干，他们 7 个合伙人全是老板，可能过去做的是小事业，现在大家之所以能聚在一起，想干出大事业，不存在为五斗米折腰，所以这批人可以为了共同的目标奋斗。同时，这批合伙人，都在人力资本上实现了自身价值。

小米的每周72小时工作制坚持了将近3年，而且从来没有实行过打卡制度。小米强调你要把别人的事当成第一件事，强调责任感。比如，我的代码写完了，一定要别的工程师检查一下，别的工程师再忙，也必须第一时间先检查我的代码，然后再做你自己的事情。其他公司可能有一个晋升制度，大家都会为了晋升做事情，会导致价值的扭曲，为了创新而创新，不一定是为用户创新。其他公司对工程师强调的是把技术做好，在小米则不一样，它要求工程师把这个事情做好，工程师必须要对用户价值负责。

小米与客户交朋友，把客户当员工，这已经变成一种文化，变成一种全员行为，给一线赋予权力。比如，曾有用户打来电话说，自己买小米是为了送客户，客户拿到手机还要去自己贴膜，这太麻烦了。于是在配送之前，小米的客服在订单上加注了送贴膜一个，这位用户很快感受到了小米的贴心。小米就是靠粉丝的传播，把粉丝当朋友当员工，淡化与客户之间的界限。

小米和员工一起分享利益。小米公司刚成立的时候，就推行全员投资计划、内部创业计划，员工可以针对一些新项目进行投资。小米最初的56个员工，自掏腰包总共投资了1100万美元（均摊下来每人投资约20万美元）。另外有足够的回报，一是工资上体现主流；二是在期权上有很大的上升空间，而且每年公司会有一些内部回购；三是团队有很强的满足感，上千万计的粉丝用户在积极推崇他们，增加了荣誉感；四是让粉丝参与创新和设计，对粉丝的创新进行命名，对粉丝的设计进行命名，就等于把社会的人力资本资源整合到了企业，一千万的粉丝的智慧就变成了企业的人力资源。

作为互联网企业，小米公司出现的这种人力资源管理方法，预示着人力资源管理出现了新的动态。事实上，在人力资本共享时代，不管是传统企业，还是互联网企业，抑或高科技企业，人力资源管理需要回归客户价值本位、回归人才资本本位，去重构人力资源管理新思维，去重新设计互联网时代的人力资源管理模式。

1. 互联网时代是人的一场革命

在互联网时代，企业的人力资源管理发生了巨大变化，这是一场人的革命。具体体现在以下几个方面。

第一，员工是客户，客户是员工。员工跟客户之间的界限模糊了，员工与客户之间无边界，共同在为客户创造价值，为企业创造价值。如小米的粉丝军团就成为小米的产品技术创新与品牌传播的生力军。此外，人力资源管理边界也延展了，人才价值创造边界与范围也扩展了，人力资源产品服务延伸到了客户。因此，互联网时代，员工与客户之间是价值创造、无边界的时代。

第二，大数据提升人力资源决策能力。这是一个基于大数据的时代，是数字人时代。由于人与人之间的交流互通，产生了大量的数据，这些数据背后，隐含着人的需求、人的情感、人的深度沟通的需要。企业不能回避大数据背后的逻辑，而人力资源及其管理更不能回避大数据，不能回避数字时代、人格数字化、数字人格化。企业要随时随地去收集工作现象，员工和员工之间互通互联的数据，通过大数据分析去了解员工的价格数据与期望，从而制定基础策略；通过大数据分析去寻求

职位系统，分析最佳效率的关系提高人事决策的科学性；通过大数据分析劳动关系冲突的临界点，减少绝对的矛盾和冲动，降低成本，减少对抗。

第三，核心人物非核心。“去中心化”强调源头自主经营，小人物也能大创造、大贡献。在互联网时代，是一个网状的并联的分布式生态体系，是一个网状与并联的分布式分散引擎系统，老板和 CEO 不再是组织的唯一核心，在某种意义上，它真正是以客户为核心，不是以老板和 CEO 为核心。CEO 和老板不再是组织的单一的指挥命令中心，不是首席指挥官，每一个员工都需要高度自治，每一个员工都可以在自己的岗位发挥关键作用，其中海尔现在所倡导的“企业无边界、管理无领导、供应链无尺度、员工自主经营”堪称这方面的典范。同时，组织的话语权在互联网时代是分散的，谁最接近客户，谁最接近企业价值最终变现的环节、价值链环节，谁就绝对拥有话语权，谁就可能成为组织的核心。比如，现在微软放弃员工分级制，认为任何层级的人将来都可以变成组织运行的中心，都可以变成组织的资源调配中心，这就是“去中心化”。

第四，微创新与大贡献。互联网时代，实际上是人的一场革命，这种革命是人的能力的革命、人的价值创造的革命，即人的价值创造能力和效益能够放大，一个小人物就能够撬动大事业、创造大价值。因此，许多企业家更关注企业的“小人物”。微信的产生就不是腾讯的核心部分。一个微创新，一个非核心部分，它的商业模式创新就可能带来整个企业颠覆式的创新，可能一个组织的这种变化的发展方向就不是向核心去聚集，很可能是向非核心去聚集，这是互联网时代的一个特点。

第五，提升人才的价值体验。在互联网时代，作为企业来讲，人力资源管理不仅仅要关注核心人才，也应该关注非核心人才，强调人才的价值体验。特别是互联网时代信息的对称与信息的透明，使员工更能自由地表达自身的情感变化和价值诉求，企业要学会尊重员工的意见。企业的人力资源产品的研发，要关注员工的情感诉求和价值需求，要增加人才对人力资源产品服务的价值体验。增强体验并不意味着我们要投入更大的资金，而是要让人力资源产品走向更精益化、更个性化、更情感化。人力资源管理更需要对人性有透彻的了解。在某种意义上，从事人力资源管理的人，既是数字大师，又是人性大师。既要尊重数据事实，又要对人性有感悟、有理解。所以，人力资源很重要的任务是实现情感的链接，以提升人才的价值体验。

第六，打造人才供应链。在企业高速成长的时期，不仅是一个变革的时期，更强调精准选人，全面发展人，要打造人力资源的供应链，更强调如何快速、精准选择，去满足企业高速成长的需要。同时要构建人才全面发展系统，打造人才供应链。这有很多的基础工作要做。

第七，实时反馈沟通，全面认可激励。互联网时代，人与组织之间、人与人之间的沟通无障碍，确保沟通无障碍，是可以减少很多企业内部的矛盾与冲突、降低管控与交易成本，减少内耗的。因此，企业的人力资源管理应该让评价无时不在，无处不在；让激励无时不在，无处不在。尤其是在工资总额不大的前提条件下，调动基层员工的积极性就是要提高他们的价值体验，提高人力资源产品服务，随时随地对其进行认可和评价，包括中层认可、关爱认可、绩效认可、提问认可、成长认可，等等。

第八，价值创造方式从有限到无边界。因为互联网、因为组织变革，员工的价值创造发生变化，它无时不在、无处不在，它可以随时随地为客户创造价值。要像小米的“粉丝军团”一样，懂得去提高价值

创造的人性以及他的忠诚度；要关注员工的需求，左要支持业务，右要构建人力资源的价值创造；要实现人力资源的跨边界，要关注价值创造、价值贡献的网络化需求，构建跨边界的人力资源框架。今后很多人力部门长期的工作可能是要通过人力和外交的方式，多元化边界赋予人才共同参与模式。

2. 企业人力资源管理的本源内容不会变

互联网时代的人力资源管理，需要设计跨边界的人力资源管理职能，重构人力资源的职能体系。一些互联网企业人力资源部门的原有职位都没有了，像华为人力资源部门的许多职能都取消了，变成的 8 个小组，已经没有 × × 经理了，全叫小组长，变成一个项目来进行整合人才，人才不仅来自内部，还有的来自外部。人力资源管理出现了微管理模型，微工作、微时间、微团队、微创新、微管理、微政策，这就使得一个组织既构建了一个公共的基于大数据的数据化的平台，同时又通过微人力资源管理去集合组织。

互联网时代的人力资源管理把管理层减少了，但是管理团队增加了，职位体系比以往变得更复杂了，因此需要更精准、更精益化的管理，需要建立一个职位体系跟能力体系有效的精准的配置。比如，小米说不开会了，不是不开会，是开会的形式不再是坐在办公室，而是更大的会议，更多的人员，只是会议的方式发生变化，大家对解决问题本源的内容是没有变的。

总之，在互联网时代，企业要研究互联网给人力资源管理带来的新变化，最终回归到客户价值的本位——人才本位。时代在发展，社会在进步，但“以人为本”应该是一以贯之的基本原则。

互联网企业的整体人力资源战略

互联网企业的人力资源战略，主要是保证人员的稳定性，通过人员的稳定来确保企业运营的稳定和产品质量的稳定，防止人员的频繁流动引起企业运营成本、管理成本的增加。为此，在整体战略上要做好战略调整，树立“以人为本”理念，重视人才发掘和培养，注重技术领先，营造文化氛围。

1. 做好战略调整

互联网企业的组织架构、岗位设置及岗位职责，将随着企业经营战略目标及商业运作模式经常性地调整而频繁地调整。

互联网企业与传统行业较为固定的组织形式不同，互联网企业必须建立相对柔性、灵活的组织，包括部门及岗位设置、职责等。现在一些互联网企业在岗位工作内容变化较快的部门内部，以团队或小组为单位完成某一项工作，不再设置固定的岗位，也不再规定某个人的固定工作内容。

2. 树立“以人为本”理念

互联网企业从业人员普遍都是“80 后”，个性鲜明，独立性强，传统行业的管理方式已经不再适用。互联网企业需要树立“以人为本”的人力资源管理理念。

互联网企业需要把人力当成组织中最大的资本，当成能带来更多价值的价值来对待，尊重人、理解人、关心人、爱护人、帮助人、造就人，这是实施一系列人力资源管理工作的前提所在。

3. 重视人才发掘和培养

互联网企业在用人策略上需要更加重视后备人才的发掘和培养。由于互联网行业发展时间短，从业人员平均年龄普遍较低，行业工作经验较少，企业更应注重从内部发掘有潜质的员工并加以重点培育，要敢于任用年轻员工担任关键岗位和管理岗位，在实际工作中培养出自己的核心队伍和管理人员。这种内部培养和提拔机制能不断地激励士气，形成积极向上的团队氛围。

> 阿里巴巴的马云曾经说过，一开始并不喜欢招聘应届生，认为他们“一天三个主意，一年换三个工作”。但是后来他开始修正自己的观念，“在淘宝网前期开发阶段，主创人员中就有些刚毕业的大学生，他们经受了默默无闻和勤苦工作的考验。很多当初的大学生现在已经开始管理几百号人了。”马云这时开始相信，人才还是自己培养的好。

企业对于人才的选拔，尤其是对核心人才的甄选、培养和使用至关重要，其数量和质量水平直接关系到企业核心竞争力的整体水平。建立企业核心人才的选拔和规划体系，是保证企业核心人才队伍持续发展的条件基础。所以，要根据企业发展的客观需要，明确集团核心人才的范围和选拔标准，从而指导下属企业推荐或遴选核心人才。

4. 注重技术领先

互联网企业不同的战略和商业模式对人员需求差异较大。在互联网技术高度发展的今天，互联网企业的领导者已经不再是单纯的技术专家，而应该是有创造性的商业天才，能够利用互联网技术，创造出新的产品、服务，并由此创造新的商业运作模式。

同时，企业内部不同类别的人员，在不同的战略中发挥的价值也不同。以技术人才为例，在技术领先的战略思想下，强调的是建立与众不同的、领先的技术框架及设想，而在客户领先的战略思想下，则要关注市场和顾客需要怎样的技术以满足他们的需求。

5. 营造文化氛围

因为互联网企业的多变性，所以需要企业尽早找到并明确企业始终追求的目标是什么，坚持的原则是什么，持续强化员工对企业基本价值观的认同。否则，将导致整个组织的成员在发展道路上失去目标而感到迷茫、人心涣散并造成大规模的人员流失。因此，互联网企业需要营造凝聚力强的组织文化氛围，同时倡导灵活性、适应性的文化。

一个公司的企业文化说出来总是显得有点空洞、虚幻，但是优良的企业文化往往是企业发展的核心动力。搜狐首席执行官张朝阳曾经这样评价搜狐的企业文化："搜狐的企业文化是搜狐发展、创新、品牌等一切的基础，是万物之源，正是这种文化的凝聚力、文化的精神激励搜狐的员工充满激情地工作。"

总之，互联网企业的整体人力资源战略在企业竞争中起决定性的作

用，科学的人力资源战略指引组织打造支撑企业战略实现的核心人才队伍，而只有与企业的竞争战略相适应的人力资源战略才能起到增强企业竞争力的作用。因此，企业必须从实际出发，在分析企业竞争环境和企业内部优劣势的基础上经过科学的分析和决策制定符合企业战略的人力资源战略，同时通过严密的保证机制保证人力资源战略的有效实施。只有这样，才能通过人力资源战略促进企业总体战略的实现。

互联网企业如何把好招聘关

招聘是人力资源实务工作的第一个环节，也是非常重要的环节。企业招聘人才，实际上也就是企业外部人才进入企业的第一道关口。这一道关口是否把好，即能否选择合适的人才，不仅关系到企业后备人才的储备，而且影响到企业的稳定运行。很多互联网企业宁可花两个人的钱去招一个好人，也不愿意花一个人的钱去招两个差的人。原因在于，赋予员工高于其价值的价格，能提升他的敬业度，为公司付出更多的努力。

阿里巴巴的邓康明曾经说："阿里巴巴非常强调人的文化层面所展示的状态，如态度、个性、行为方式等，与能够在短期之内带来业绩的技能相比，我们更加看重这些软性素质。在招聘的时候，我们会着重考察他在这些方面的情况。行为方式和价值观方面不能与公司契合的，业绩再好，我们都不能容忍。"在阿里巴巴，价值观是决定一切的准绳，招什么样的人，怎样培养人，如何考核人，都坚决彻底地贯彻这一原则。而阿里巴巴的价值观有个很特别的叫法——"六脉神剑"。何谓"六脉神剑"？其实很简单：一是"客户第一”，指关注客户的关注点，为客户提供建议和资讯，帮助客户成长；二是“团队合作”，共享共担，以小我完成大我；三是“拥抱变化”，突破自我，迎接变化；四是“诚信”，指诚实正直，信守承诺；五是“热情”，永不言弃，乐观向上；六是“敬业”，以专业的态度和平常的心态做非凡的事情。在阿里巴巴，诚信是最重要的。

互联网企业的组织结构经常性的调整、员工的频繁流失，使得互联网企业的人力资源部门在一年的大部分时间内都忙于招聘工作。网上接收和筛选简历、电话通知面试、笔试、面试成为了人力资源部门繁忙的日常工作。其实，如果注意总结经验，完全可以避免这种整天陷入面试工作的困境。具体来说，应该把握一定的原则，并采取有效的招聘方法。

1. 把握招聘原则

企业招聘是一项严肃的工作，必须把握一定的原则。如表 4 – 1 所示。

表 4 – 1　　企业招聘原则

原　则	实施要领
对应性	一流的企业需要一流的人才，也需要二流、三流等不同层次的人才，招聘时“定位”（企业在行业中的位置和人员岗位）要准，不宜把人才要求定位得脱离企业实际。这种定位实际上，一方面是企业现实的实力大小、管理水平的高低，另一方面是企业的发展潜力。在方法上，招聘前要根据岗位工作性质、人员素质要求等建立相应的素质模型，在筛选简历、设计笔试和面试题目时都要综合考虑素质模型的要求，在面试阶段尤其要注意观察候选人的个性特点、价值观、职业观是否适合企业的文化，是否适应其上级的管理风格。如果能够在面试阶段将不适合企业文化、不适应其上级管理风格的人员淘汰，就能够在很大程度上缩短人员入职后的适应期，也能降低人员主动流失率，减少重复招聘的次数

续 表

原　则	实施要领
同步性	人才的潜力、发展空间与人才的悟性、学习能力是紧密相关的。招聘人才时要考虑人才的潜力、个人发展空间是否能与企业发展的步伐同步。能够与企业发展趋于同步增长的人才长期留下来的可能性较大，个人超前于企业太多或个人滞后于企业都会造成人才难以长期留下来的隐患
留用原则	企业应该具有人才“准确留用率”的观念，并重视与提高试用期的人才“准确留用率”。如果招聘的人才在试用期期间、试用期满时全没能留用，留用的人才未达到预期服务期就提前离职，或者留用的不是企业发展与岗位需求最适合的人员，就表明此次的招聘工作“准确留用率”很低，招聘是失败的
成本原则	每次人才招聘工作，不仅有招聘工作事务性的人力、物力、财力等的投入，而且还有企业无形资产的投入。如果某一次招聘没有招到合适的人才，付出的投入仅是事务性的投入；如果招聘的人员没干几天就离开了企业，这时候付出的就是双倍的损失了，可能还会导致企业机密外泄等更大程度的损失

2. 互联网企业招聘的面试方法

互联网企业要想招聘到真正的人才，就必须向应聘者强化下面这一信息：你提供的不仅仅是一份工作，而是一个职业发展的机会。运用一点科学方法，企业有可能持续不断地招到顶级人才。

一是了解人才的职业规划，了解其跳槽的原因。公司喜欢有比较清晰的职业规划的员工，他能够同时对个人成长和公司成长提供助力。这一类人职业选择会比较慎重，不会因为短期利益放弃规划，在频繁跳槽上面会有所节制。他们明确知道自己希望得到什么提升，只有在公司用人无法匹配的时候才会选择跳槽。结合人才的职业规划，了解其跳槽的原因，有助于判断人才是否是因为心浮气躁而跳槽，为了增加几百元工资而跳槽，是否能够静下心来踏实做事情。

二是硬指标（知识、技能、经验、工作能力等）的考察。这方面可以从4个部分去了解人才的专业能力：其一，你在上一家公司发生了哪些改变？在上个公司、部门、项目中，你的职责是什么，你发挥了哪些作用，带来了哪些变化？其二，业绩变化，KPI（关键绩效指标）的完成情况。公司、部门的数据和规模变化是怎样的？KPI 的完成情况，请应聘者用数据说话。尤其是当公司碰到问题时，你是如何发现问题、分析问题、制订计划、推进计划的，遇到了哪些困难，得到了哪些收获，等等，尽量要有比较完整的思路体现。其三，拥有资源。对于做运营、市场商务、销售等的应聘者，这点尤为重要。关于资源，你有多少用户资源、媒体资源、行业资源、客户资源？这些也是需要询问人才的。其四，荣誉。就是你在原来的公司取得了哪些荣誉和奖励。

三是软指标（发展潜力、性格特点等）的考察。如果你想要了解人才的软指标，不要去问一些有标准答案的通俗问题，而要去问和应聘者经历相关的细节问题。要问那些应聘者曾经经历过的事情、曾经做过的事情，这些问题并没有标准答案，也没有对错之分，所以更容易考察一个人。应聘者在回答这些问题时，他的行为准则、价值观念就会从中体现出来。

在这里需要提及的是，渠道是企业招聘行为的辅助之一。一个好的招聘渠道应该具备以下特征：一是招聘渠道具有目的性，即招聘渠道的选择是否能够达到招聘的要求；二是招聘渠道的经济性，指在招聘到合适人员情况下所花费的成本最小；三是招聘渠道的可行性，指选择的招聘渠道符合现实情况，具有可操作性。常见的招聘渠道有现场招聘、网络招聘、校园招聘、传统媒体广告、人才介绍机构、内部招聘、员工推荐、人事外包、人才租赁等。选择哪种招聘渠道，需根据企业实际情况和招聘效果而定。

互联网企业如何加强人才培养

互联网企业从业人员普遍比较年轻，工作经验较少，而互联网本身的发展又很快，无论在技术或是商业运作方面都有许多创新之处，为了让员工跟上企业的发展，必须加强员工培训力度。来看下面 3 个互联网公司的案例。

在搜狐公司，新进员工数量一旦足够 20 人以后，人力资源部就会组织一次入职培训，将公司的历史、文化、规章制度、公司主要业务线做一次详细的讲解。之后，人力资源部组织新员工做拓展训练，让员工在紧张又有意义的气氛中学会挑战自己、帮助别人，一起融入公司团队。到目前为止，搜狐已经有十几批学员了，来自不同部门的员工一起交流工作，一起郊游娱乐，关系特别融洽。整个搜狐公司有 600 多人，平常工作时，不可能每个人都打交道，员工通过培训认识，形成自己的小群体，有一种归属感，工作气氛显得很和谐。

在盛大网络公司，其人才培养计划就是按职务类别与层级的不同，分别有不同的职业发展计划。公司中高层大部分都从内部培养提拔，获得晋升需要有优良的工作绩效。

在阿里巴巴，他们会对具有潜力的员工大力培养，邓康明说：

“我们会给予他各种培训，给予他在不同业务部门轮岗的机会，使他能够在比较短的时间里接触不同的业务，锻炼各个方面的能力。为了培养一些关键人物，我们甚至不惜承担风险把他放到一个重要的位置上，哪怕他一时还难以胜任这个位置。这样的方法使年轻人很快成长起来，互联网不是一个以资历论英雄的行业。”

在入职培训时，主要目的是为了帮助员工更好地了解和熟悉企业及工作情况，学习基础的专业知识和技能，并逐渐融入工作团队。在经历了一段工作时间后，为了让员工尽快掌握各种新的业务知识和专业技能，需要定期开展在职培训。为了培养企业所需的中高级管理人才，还应该通过轮岗、破格提拔、脱产学习等方式对目标人群进行管理意识和管理技能的培训。培训也是一种很好的沟通和团队建设方式，通过多种多样的培训形式，如拓展训练、沙盘演练等，能够在短期内凝聚人心，提升士气。此外，还应设计职业生涯通道，例如技术、专业、管理等不同序列，员工能够看到在企业内部发展的空间，将个人发展与企业发展捆绑在一起。

陈彤出任小米副总裁，至此因这位传奇媒体人离职而引发的各种猜测也基本上告一段落，取而代之的则是陈彤对小米的意义究竟有多大。有人说老陈积累多年的媒体资源即便是放在顶级媒体人圈里也是数一数二的，有人说他很难给现在的小米带去太多的东西。关于这个问题或许需要半年甚至更久的时间才能得出答案，因为人本身的价值可能并不会像一笔融资那么容易体现，但起到的作用却真的不一定亚于一笔钱那么简单。既然都说这年头拼的是人，那么我们不妨来看看这些大的互联网公司的人才观，这可以给其他互联网公司提供人才培养方面的借鉴。

1. 京东：重点培养管培生

曾经有京东高层表态，京东内地位最高的不是高管，而是管培生们，刘强东也曾表示最满意的就是管培生计划。

京东的管培生计划从2007年开始，而管培生在京东内部拥有极高权限，即可以随时越级向刘强东本人汇报的权利，甚至有管培生因为向刘强东提的问题不够务实而被取消管培生资格。

不过京东给予管培生们的待遇也要比一般的应届毕业生高出不少，近年来优秀管培生甚至可以直接输送到中欧商学院学习，管培生的成长速度同样也要高出一般员工不少，像余睿已经成为京东最年轻的副总裁。

2. 中兴：精英工程师至上

与京东着重培养管培生不同，中兴通讯2014年实施的“蓝剑百人”精英计划，重在培养技术行业的领军人物。作为以工程师文化盛行著称的公司之一，中兴最近也推出了一个工程师大数据漫画，在朋友圈火了一把，处女座再一次光荣躺枪，因为处女座工程师在中兴当中比例最高。

不过处女座倒不一定是件坏事儿，处女座“攻城狮”（即“工程师”的一种网络叫法）们对产品细节有着极高的要求，也和中兴内部提出的精英工程师概念基本一致。“我们必须要改变，如果我们自己都不能成为一家够酷的公司，我们又如何为客户创造够酷的体验?”中兴高层曾在公开场合这样表达对未来中兴的要求和期待，而这样的改变则需要体现在人才构成上。

在经历了 2012 年的亏损，2013 年的扭亏，以及 2014 年恢复增长后，中兴近来在研发上的投入逐步增加，这笔钱中的绝大多数用在了工程师的招聘与培养之上。

对于这家被很多人诟病为工程师氛围太重的公司来说，其似乎并没有太在意外界的看法，反而加大了对工程师文化的推崇。中兴提出要招 100 名精英毕业生重点培养的人才计划。

除此之外，在校园招聘市场中，中兴也一直都是非常活跃的一家公司。根据公开资料显示，中兴招聘的数千名大学生，基本上 90% 左右都被安排到了工程师岗位上。而目前，中兴的研发工程师数量已经超过 3 万人，占公司总人数的一半以上。

3. 百度：千金买马骨，重金请大师

2014 年 5 月 17 日，百度公司宣布，任命人工智能领域最权威的学者之一——吴恩达博士为百度首席科学家，全面负责百度研究院。9 月 10 日，百度方面公开表示，微软全球资深副总裁兼微软亚太研发集团主席张亚勤正式加盟百度，任总裁，负责新兴业务。

百度从未掩饰其对高级技术人才和管理人才的渴求，吴恩达和张亚勤的加盟也一度成为科技圈的热点新闻事件，甚至有人认为百度接连从谷歌、微软挖人是表明了中国互联网公司已经具备了同国际巨头们相当的竞争力。

邀请有一定技术背景，本身也有着极大成就的高管加盟，对百度来说本身也是一件风险极低的事情，毕竟他们的能力已经得到了很长时间的检验。技术背景也能让他们与技术氛围很浓的百度气场相合，不至于

出现“水土不服”的情况。

这样的人才观其实也是百度一以贯之的，早在2013年9月，谷歌中国工程研究院副院长刘骏就加盟百度，担任百度公司技术副总裁，负责百度公司技术战略委员会，几个月之后他便全面负责糯米网，随后主导了百度“截胡”阿里巴巴三八节的活动。

除了这几家之外，像小米喜欢聘任有影响的高级经理人，阿里巴巴喜欢招揽媒体人，等等，每个公司都有着自己不同的人才观，但无论是招精英大学生，还是聘履历辉煌的高管，对高水平人才的追求却都是一致的。

互联网企业如何设计薪酬体系

互联网企业的组织结构、部门与岗位设置及职责较之传统行业更为灵活而多变。一个员工的工作岗位可能会频繁调整，而且即使是相同的岗位在不同的时期工作内容也会发生变化。在岗位工作内容频繁变化的情况下，传统的基于岗位的薪酬体系就会遇到一些困惑，基于岗位的薪酬体系的理论基础是假设不同岗位之间由于工作责任及任职资格的不同形成了岗位价值的差异，不同岗位的薪酬水平差异体现了岗位价值的高低。而互联网企业的岗位设置及职责非常灵活多变，这种薪酬体系并不能体现从业人员的真正价值。

要解决这一问题，可以考虑将从业人员个人技能及综合能力纳入薪酬体系，基于能力和岗位的需要设计一种全新的薪酬体系，既能体现个人的综合能力，也能体现所在岗位的重要性。在岗位或者工作内容发生变化时，只要能力要求不变，那么薪酬水平就可以保持不变。相应地，即使岗位和工作内容不变，只要能力要求提升了，那么薪酬水平就可以随之提升。

1. 影响薪酬体系的因素

影响薪酬体系的因素是多方面的，有内部的，也有外部的，还有个人因素。

影响薪酬的内部因素包括如下几项。如表4－2所示。

表4－2　影响薪酬的内部因素

内部因素	影响表现
企业负担能力	员工的薪酬与企业负担能力的大小存在着非常直接的关系，如果企业的负担能力强，则员工的薪酬水平高且稳定；如果薪酬负担超过了企业的承担能力，则企业就会严重亏损、停产甚至破产
企业经营状况	企业经营状况直接决定着员工的工资水平。经营得越好的企业，其薪酬水平相对比较稳定且有较大的增幅
企业远景	企业处在生命周期不同的阶段，企业的盈利水平和盈利能力及远景是不同的，这些差别会导致薪酬水平的不同
薪酬政策	是企业分配机制的直接表现，薪酬政策直接影响着企业利润积累和薪酬分配关系。注重高利润积累的企业与注重二者间平衡的企业在薪酬水平上是不同的
企业文化	企业文化是企业分配思想、价值观、目标追求、价值取向和制度的土壤，企业文化不同，必然会导致观念和制度的不同，这些不同决定了企业的薪酬模型、分配机制的不同，这些因素间接影响着企业的薪酬水平
人才价值观	人才价值观的不同会直接导致薪酬水平的不同，比如对问题“是否只有高薪才能吸引最优秀的人才”的回答不同，薪酬的水平是完全不一样的

影响薪酬的外部因素包括如下几项。如表4－3所示。

表4－3　　影响薪酬的外部因素

外部因素	影响表现
地区与行业的差异	一般经济发达地区的薪酬水平比经济落后的地区高，处于成长期和成熟期企业的薪酬水平比衰退期的时候高
地区生活指数	企业在确定员工的基本薪酬时应参照当地的生活指数，一般生活指数高的地区，其薪酬水平相对也高
人力市场供求关系	劳动力价格（工资）受供求关系影响，劳动力的供求关系失衡时，劳动力价格也会偏离其本身的价值：一般供大于求时，劳动力价格会下降，反之亦然
社会经济环境	社会经济环境直接影响着薪酬水平，在社会经济较好时，通常员工的薪酬水平相对也较高
现行工资率	国家对部分企业，尤其是一些国有企业，规定了相应的工资率，这些工资率是决定员工薪酬水平的关键因素
相关的法律法规	与薪酬相关的法律法规包括最低工资制度、个人所得税征收制度以及强制性劳动保险种类及交缴费用的水平，通常这些制度及因素都直接影响着员工的薪酬水平
劳动力价格水平	通常劳动力价格水平越高的地区，薪酬水平越高；劳动力价格水平低的地区，薪酬水平较低

影响薪酬的个人因素包括如下几项。如表4－4所示。

表4－4　　影响薪酬的个人因素

个人因素	影响表现
工作表现	员工的薪酬是由个人的工作表现决定的，因此在同等条件下，高薪也来自于个人工作的高绩效
工作技能	现在企业之争便是人才之争，掌握关键技能的人，已成为企业竞争的利器。这类人才成为企业高薪聘请的对象

续 表

个人因素	影响表现
岗位及职务	岗位及职务的差别意味着责任与权力的不同，权力大者责任也相对较重，因此其薪酬水平也就要高
资历与工龄	通常资历高与工龄长的员工的薪酬水平要高

2. 薪酬管理与薪酬体系建设

一般而言，员工的薪酬包括基本薪酬（即本薪）、奖金、津贴、福利四大部分。薪酬管理的基本流程，如图 4－1 所示。

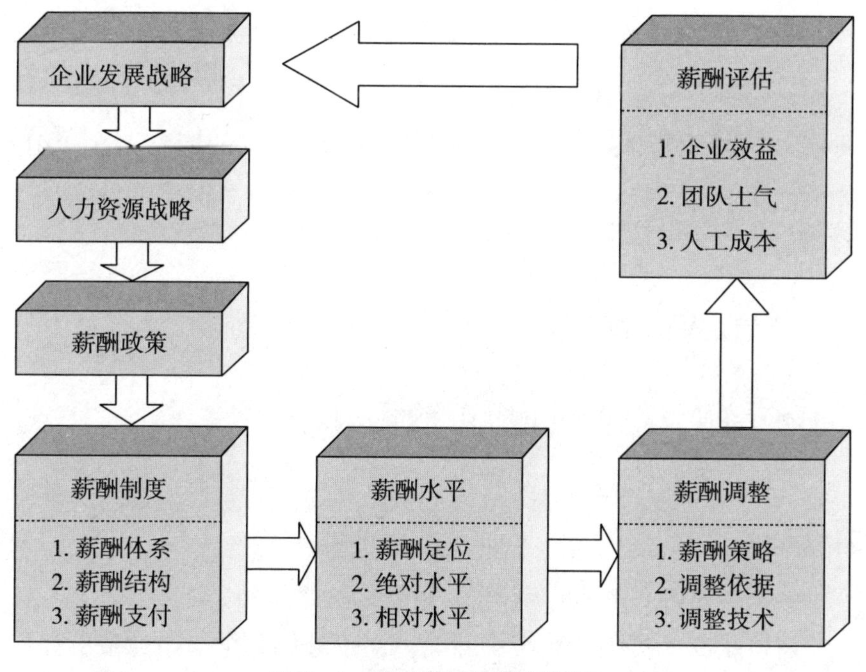

图 4－1　薪酬管理的基本流程

通过上图，可以对薪酬管理一目了然。至于薪酬体系建设，可以采取以下 4 个步骤：

第一步，展开对企业的工作分析，确定企业需要什么样的岗位，并建立相关岗位的岗位说明书，这是薪酬体系设计的基础。

第二步，建立一套科学的岗位评价方法，评价各个岗位的重要性或“相对价值”，并将所有的岗位都纳入一个工资级档系统中，以形成企业的工资级别。比如，将整个企业的工资体系设计为 10 级，秘书这个岗位的工资定为 5 级，而董事长这个岗位的工资就是 10 级。通过这样的办法，可以解决薪酬确定中内部公平性的问题。

第三步，展开薪酬调查，并由企业根据自己的薪酬政策确定每个工资级别的薪酬定位，比如，确定应该是按照市场上的 25P、50P 还是 75P 来定位。这样做的目的是保证薪酬的外部吸引力。

第四步，确定薪酬结构，这里既包括确定固定工资和浮动工资的比例，也包括确定岗位工资和技能工资的关系等。比较常见的办法是把工资级别设计为一个区间，并在这个区间中划分出不同的档次。同一岗位的不同员工将根据他们的技能、经验、学历的不同，对应于不同的工资级档。

3. 以岗定酬、同工同酬

薪酬设计要遵循以岗定酬、同工同酬的原则：

一是权责重的员工应给予高薪，因为它对企业销售、盈利、发展有较大的影响。比如，每一个企业，部门经理的薪金比普通员工的薪金高，而经理的薪金又比部门经理的高等。

二是技能高的员工应给予高薪，以用于补偿其学习所耗费的体能和智能。某互联网公司拨了 200 多万元现金重奖 40 位有特殊贡献的科技功臣，其中最多地得到了 8 万元。

三是季节性和临时性的员工的薪酬应高于正常员工，以补偿其失业期间的生活费用和没有享受社会保险、休假等权利。某互联网公司为了扩大线下的销量，专门招了几名临时员工做促销，每天促销费是正常员工的两倍。

四是工作效率高的员工比效率低的员工薪金高。某互联网公司对开辟线下市场的员工予以高薪，比其他员工的薪金高约20%。

总之，薪酬体系设计必须根据企业的实际情况，并紧密结合企业的战略和文化，系统全面科学地考虑各项因素，并及时根据实际情况进行修正和调整，如此，才能充分发挥薪酬的激励和引导作用，为企业的生存和发展起到重要的制度保障作用。薪酬体系设定过程中一定要遵守薪酬的原则，同时结合企业实际情况来进行设定。

互联网企业福利措施的激励作用

互联网企业员工有许多个性化的需求，比如更为自由的工作时间、更为多元化的精神激励、更为舒适的生活方式等。针对这种情况，互联网企业应该采取更为灵活的福利措施，例如弹性工作制、在家办公、自助式福利都是可以考虑的方式。

新浪公司曾经花了很多精力来解决员工子女入托的问题，还有自己的育婴室，从早上8点到下午4点，员工可以把自己还没到上幼儿园年龄的孩子放到这里，由专人负责照看。新浪还建立了员工服务中心，员工遇到困难可以打电话寻求帮助，此外，还为员工设立了心理咨询和辅导服务，定期请心理专家来给员工辅导。在这样的福利待遇下，新浪员工的工作干劲大大提高，同时也激发了员工的创新热情。

事实上，深得人心的福利，比高薪更能有效地激励员工。高薪只是短期内人才资源市场供求关系的体现，而福利则反映了企业对员工的长期承诺。也正是福利这一点，使众多在企业里追求长期发展的员工，更认同福利而非仅仅是高薪。

1. 福利的类型与特点

福利是薪酬体系的重要组成部分。企业为员工所支付的福利日益高昂，单纯从投入产出的角度来看，管理者也应该发挥出福利的激励作用，而不能仅仅将福利停留在员工保障的层次上。

根据福利本身是否涉及金钱或实物，可以简单地将之区分为经济性福利和非经济性福利，它们各自又包含丰富的内容。同时，考虑到保险是福利的重要部分，可以将福利体系分为以下 3 类：一是经济性福利。包括额外收入，如节假日加薪、节日礼物或优惠实物分配等；超时薪酬，如超时加班费等；住房性福利，如以成本价向员工出售住房，房租补贴等；交通性福利，如为员工提供免费班车，为员工免费购买公共汽车月票等；饮食性福利，如免费供应午餐，误餐补助，有员工食堂或伙食补助等；教育培训性福利，如员工的脱产进修，短期培训，员工子女入托补助等；医疗保健性福利，如免费为员工进行例行体检、打预防针等；有薪节假，如节假日以及事假、探亲假、带薪休假等；文化性福利，如为员工祝贺生日，集体旅游，提供疗养机会，体育锻炼设施购置等；金融性福利，如家庭特困补助，家庭红白事慰问金、抚恤金，为员工购买住房提供的低息贷款等；其他生活性福利，如洗理津贴、服装津贴或直接提供的工作服。二是非经济性福利。包括咨询性服务，如免费提供法律咨询的员工心理健康咨询等；保护性服务，如平等就业权利保护（反种族、性别、年龄、歧视等），隐私权保护等；工作环境保护，如实行弹性工作时间，缩短工作时间，员工参与民主化管理等。三是保险福利。包括员工意外伤害保险；员工失业保险；员工养老保险；员工医疗保险、大病统筹；员工个人财产保险。

福利与其他薪酬相比，具有以下几个特征：其一，福利保险的项目或待遇标准一旦确定，就不大可能取消，因而水平比之工资和奖金更恒定、更可靠。其二，福利保险中很多项目是免税的或者税收是递延的，这样员工获得可支配的收入会随着福利保险项目待遇的增加而增加，无形中提高税后收入。其三，企业通过提供各种福利和保险待遇，可获得诸如社会责任感强、关心员工等好的社会声望，同时也使员工对企业有一种信任感和依恋感，自发忠诚地为企业工作。以上这些福利项目根据提供对象可以分为全员福利、特种福利和特困补助。全员福利即企业所有员工都可以享有的，如免费午餐、各类保险等；特种福利是针对特殊人才设计的，如对高层人员的高档轿车服务、出差时的星级宾馆饭店住宿、股票标惠购买权、高级住宅津贴等；特困补助是针对有特殊困难的员工提供的，如伤残补贴、重伤补助等。

福利具有权利差异性。企业应合理划分各类、各级员工的福利项目范围，既要雪中送炭，又要锦上添花。

2. 弹性自助福利计划

所谓弹性自助福利计划，即由企业给予员工一定的福利点数，员工可在点数范围内随意挑选自己喜欢的福利项目，满足需求多元化，使福利的效用最大化。企业的管理者既要做到令股东满意、顾客满意，更要做到令员工满意。

弹性自助福利计划最大的特点是富有柔性。站在企业管理者的角度来看，弹性自助福利计划之所以非常有效，是基于下述理由：其一，企业所提供的弹性自助福利计划被认为是一种积极的措施；其二，自由的选择权可能使员工十分满意，拥有权力和有价值的感觉；其三，富有柔性的方案、灵活的方式使管理者能够把福利的管理与企业广泛的战略目标联系起来，特别是人力资源管理计划；其四，有利于加强福利成本管理。由于灵活方案的实施允许员工把所得到的福利金钱花在他们自己愿意接受的地方，因而自助餐福利方案成本要低得多；其五，让员工自己选择，自己衡量，自己打算盘，他们会逐渐清楚他们所享受的福利（特别是保险）值多少钱，有利于强化福利的激励功能。

福利作为一种丰富而具有柔性的薪酬成分，越来越受到企业的重视。许多企业开始推出一些福利新举措。其中比较典型的有以下举措：

一是提高常规福利的质量。许多企业都认识到福利能否对员工产生激励作用，并不在于福利项目的名称，而在于福利的质量。许多常规福利，如免费午餐、班车、员工浴室等，如果不重视福利的质量，这些福利也许会引起员工的抱怨，反而不会让员工感受到企业的关心和给予。于是，许多企业开始改进常规福利的质量。比如，注重员工伙食质量的改善及伙食设备的投资，从先前的吃饱发展到目前注重营养配置及饮食结构的合理性。再如，许多企业花大力气为员工修建新型的浴室、图书阅览室、娱乐室等。

二是根据员工需要增设新型福利。比如，企业内部的法律顾问服务，即利用企业聘请的法律顾问为员工提供诸如购房、个人诉讼等方面的免费咨询服务，实实在在解决员工的实际困难。再如，除正常的养老保险金之外，企业通常还为关键职位的员工购买商业人寿保险，并允许员工自行交保再增购一定数额的额外保险。增加教育培训福利的分量、关注对关键岗位人才的福利吸引等福利举措，都在很大程度上增强了福利对员工的吸引力，有利于通过福利激励员工。

三是在福利的设置上加强与员工的沟通。卓有成效的企业福利需要通过与员工的良好沟通来保证。设置福利时强调员工的沟通，是企业福利工作的一个重要组成部分。通过详尽的文字资料和各种活动使员工对企业的各项福利耳熟能详，同时企业也鼓励员工在亲朋好友间宣传本企业良好的福利待遇。企业在各类场合也是尽力详尽地介绍企业的福利计划，以增强企业对外部人才的吸引力。

总之，福利举措体现了企业对人力资源的重视，体现了企业对福利本质的理解和对发挥福利激励作用的追求。人才在工作中寻找的无非是现实的回报、工作的挑战和自身的发展。这三者必须相互支持和补充，在高薪和福利各有千秋的时代，从企业留住人才并进而营造持久的竞争优势出发，优厚的福利意义深远。

互联网企业的“沟通式”绩效管理

互联网企业的战略和经营目标调整较为频繁，员工的岗位和工作内容变化较快，考核指标与标准的制定随时都有可能发生变化，因此绩效管理的周期应该以月或季度为单位。而绩效管理的重点在于绩效计划阶段，管理者必须与员工就工作目标进行充分沟通并达成一致。

在新浪公司，自从段冬在担任新浪人力资源总监后，绩效管理工作逐步开始推行，使绩效管理在新浪发挥了重要的作用，每个员工都可以在这个体系中证明自己的价值，通过考核指标使自己的日常工作和公司的整体战略目标紧密相连。新浪的人力资源工作也在这个基础上从基本的人事管理上升到了战略性人力资源管理。在绩效计划阶段，新浪公司高层每个人要写这个季度要做的“七件事”，其中包括5个业务指标，2个管理指标。高层组成的新浪管理委员会要讨论每个人的七件事是不是和公司战略和年度的规划相一致，一旦经过讨论确定下来，每个人的七件事就分解到他们的下一层，下一层再写七件事，层层分解一直到基层员工。基层员工也要写七件事，他们不是管理者，所有没有两个管理指标，但是有相关的行为指标，比如，某个员工这个季度可能要提高自己的沟通能力，那么他就要计划怎样去提高，或者参加培训，或者参加一个研讨会，或者到别的部门去见习等，这些都经过上下级直接的、充分的沟通后予以确认。在工作过程中很重要的一点是，管理者要对执行情况进行跟踪，上级每个月要和员工总结一下，关键的事件要记录下来，并要在每个月末进行回顾。如果月度不总结，到季度末发现目标变化很大，但是没有在执行过程当中指出并记录，执行效果就会大打折扣。

从新浪公司的“沟通式”绩效管理实践可以看出，绩效沟通的具体工作方式是由员工自己掌握的，管理者只需要对关键环节和最终结果进行评价考核。此外，管理者还对员工在工作过程中体现出来的综合能力的提升进行评价，认真观察员工的一些典型行为，并及时记录下来，在与员工沟通时提出改进建议。通过这种工作方式，员工业绩和能力评价结果又将与业绩奖金、薪酬级别调整、培训和职业生涯发展相结合。

每个企业都要根据自己公司的实际情况制定发展现状的绩效制度，这样才能更好地管理公司，公司才会逐渐壮大，其中就涉及企业绩效沟通，很多企业的领导者还是比较迷茫的，不知道绩效沟通有哪些方面和哪些内容。下面具体来总结一下绩效沟通的内容，希望可以使管理者有个清晰的认识和理解。

1. “沟通式”绩效管理的原则

“沟通式”绩效管理是通过双方多种形式、内容、层次的交流，提高企业绩效的过程。在这个过程中，应该遵循以下沟通原则。如表4－5所示。

表4－5　“沟通式”绩效管理的原则

原　则	实施要领
真诚性	真诚是沟通的基础和前提，不必过于谦逊，也不可夸大其词。要让员工真实地感受到你确实是满意他的表现，你的表扬出于你的真情流露，不是套近乎、扯关系。只有心与心的交流才会对员工真正地有所触动，也只有发自真心的表扬才可能成为员工前进路上的不竭动力
客观性	在进行绩效反馈之前，主管人员有必要认真思考一下这个问题：影响员工绩效的因素究竟是什么？绩效不良是否真的为员工个人懈怠或差错所致？其实，影响员工绩效的因素主要有两个方面：一方面是个人因素，如个人的知识、技能、经验、思维、敬业度、承诺度等，这是最普遍、最常见的因素；另一方面则是系统因素，即指员工个人不能控制的因素，如工作流程不合理、资源匹配不足、沟通协调不畅、主管严重的官僚主义等。而这样的因素在员工绩效产生的过程中是可能存在的。把一个原本优秀的员工放到一个病态的系统环境中，恐怕也很难产生好的绩效。然而现实的情况是：此类系统因素常常为我们的管理者所忽略了甚至是有选择性地“屏蔽”了。但员工有能力洞察到这些，也会在心里记住这些，并很有可能在绩效沟通的过程中提出来。如果主管人员对此缺乏预见性并有所准备，那么绩效反馈很可能会演变成无休止的争论

续 表

原 则	实施要领
具体性	对员工的评价，无论表扬还是鞭策尽可能做到具体，避免笼统、大而化之的泛泛之言。举个例子，员工加了一夜的班，完成了一份近乎完美的计划书。此时若能对员工说："你的计划书结构完整、逻辑清晰、数据翔实、论证充分，在办公会上得到了领导们的一致认可；另外，当大家得知你为了完成这份计划书加了整整一夜的班，对你的敬业精神更是大加赞赏。"员工所感受到的就不仅仅是加班的辛苦得到了领导的理解，更是付出的成果得到了领导的肯定。显然，这样的溢美要比诸如"加班辛苦了"之类的泛泛之言更能激发员工的斗志
修正性	对于绩效考核出现的偏差，应该存在可修正的通道，这不是说绩效考核不严肃了，反之，恰恰是绩效考核严肃性的表现。当一项考核因为数据或指标偏差引起考核的不公正，影响到的不单单是绩效的结果，而且会影响到人心的向心力。现实中我们常见到这样的场景："这个事情你不用说了，考核是公司的规定，你再说也无用，你就接受吧"，其实这样的沟通毫无意义，起不到任何效果，反而让被考核者失去了纠正的希望。所以，考核沟通的目的也是为了修正，修正不合时宜或不合理的因素，沟通才会起到真正的效果
建设性	正面的反馈要让员工知道他的表现达到或超过了领导的期望，让员工知道他的表现得到了领导的认可，以此强化员工的积极行为，使之在今后的工作中继续发扬，表现出更优秀的业绩。反面的反馈则要给员工提出建设性的改进意见，以帮助员工获得改善与提高

2. "沟通式"绩效管理的方法

"沟通式"绩效管理的方法很多，下面的基本方法是需要掌握的：

一是目标确定沟通。为了确保员工在业绩形成过程中实现有效的自我控制，在确定绩效目标时，必须与员工就考核的内容和标准进行沟通，使员工了解3个问题：这一阶段我的目标是什么？目标应该采取什么样的措施和手段完成？实现目标需要什么样的支持？通过这一阶段的沟通，可以防止主管硬派任务，员工被动接受的情况，员工对自己确定的目标的认可度就会大大提升。通过沟通，让员工能够感受到主管的全力支持，他就会对实现目标充满信心，斗志昂扬地投入工作。

二是实施过程沟通。沟通是在考核过程中就绩效执行的关键控制点，在此过程中员工出现的问题及员工行为出现偏差的纠正等所采取的正式或非正式的沟通方式。绩效执行的关键控制点沟通主要是通过对先前绩效实施措施的说明，主管会对员工的目标完成实施手段有一定的了解。在关键环节控制点上，主管就需要适时地监督沟通，看员工完成的结果怎样，进度如何。

在这一过程中员工出现的问题沟通主要是考虑员工在执行任务的过程中遇到难题，出现新的问题困扰而导致工作停滞不前，这时主管应该及时出现，在员工需要支持的时候帮助他们排忧解难，让他们感觉到主管能与他们同甘共苦，这样员工就会相信主管是他的坚强后盾，便会心存感激，更积极地投入工作。员工行为偏差纠正沟通是要主管对员工在执行任务的过程中所采取的手段进行监督，防止员工为达目的不择手段而采取有损企业长远利益的行为，而对于员工好的行为和进步及时赞扬。

三是绩效反馈沟通。本阶段的沟通是在绩效评估结果出来后就本次评估所得的结果、员工目标完成情况、没有完成原因分析以及下阶段改进计划交流所进行的沟通。评估结果的沟通要求主管把本次评估的结果向员工说明，同时把打分的结果、依据和相关证明资料向员工展示，让员工感到主管的评估是有理有据的。同时，主管要听取员工对本次目标自评的结果和相应的依据。这样双方对照，并根据实际情况对评估结果进行适当的修正，这样的评估结果就会更有说服力。

双方就结果进行充分沟通和修改后，需要对原因进行深入的分析，特别是对于没有完成的目标，看看是客观原因还是主观原因造成的困难。如果是内因，要分析是员工的知识能力不足、经验不够还是态度欠缺。如果是员工知识能力不足，就需要安排相应的培训辅导；如果是经验不够，就需要多安排锻炼机会；如果是态度欠缺，还需要仔细分析，到底是什么原因导致，是企业激励措施不好，内部管理有问题，还是员工自身态度有问题。对这些问题，都需要追根究底，找出背后真正的原因，并采取相应的解决措施。

对于完成或超前完成的目标也要分析是怎样完成的，把员工所采取的有效方法措施在内部进行分享，让集体共同进步等。但更重要的是，对于不理想的目标下一步的改进计划的沟通与制订，通过制订一个明确有效的下一阶段改进计划来实现员工业绩和能力的提升。绩效面谈不仅仅是谈过去，更重要的是谈未来发展。绩效管理是一个循环往复的过程，一个考核周期的结束，往往是下一阶段的开始。因此，对未来目标的确定就成了本次沟通的重要组成部分。双方对下一阶段目标要达成一致，对实现目标所采取的措施和相应的支持条件也要形成共同意见。

四是绩效改进沟通。绩效改进沟通是反馈沟通中员工自身原因或不适当的目标达成方式，主管在绩效改进过程中要进行适时的跟进督导，主要是检查工作是否按原计划开展，纠正不当的措施，让员工及时发现自己的不足并改进，并创造性地提高。绩效改进沟通不是单独进行的，它与绩效实施过程沟通相互穿插，并贯穿于整个目标完成的全过程。在绩效实施过程沟通中，既对本阶段目标执行情况进行沟通，又对上一阶段绩效改进情况进行沟通，这样员工绩效改进就更有利于目标的执行。

总之，企业在绩效的过程中持续沟通，主管与员工的关系就会更加融洽，员工的绩效会逐步提升，整个团队绩效也会水涨船高，员工、主管和企业就会实现共赢，企业的整体绩效就会朝向更好的方向发展。

第五章

互联网企业的教练领导力

今天，“以人为本”的概念在企业管理实践中早已深入人心，互联网企业也需要用这一理念来培养团队的综合实力。事实上，当单纯的企业管理手段无法达成业务使命时，管理者应该从教练技术和领导力基础出发，紧扣企业实际问题，通过“企业教练”的形式，帮助引爆员工的潜能并参与决策，让团队真正成为企业最珍贵的人力资本。

教练式领导力的产生及其要求

教练式领导力是一种用于人员开发和帮助员工自主实现工作目标的模式和方法，使员工在组织中能以最大的热情和创造性来工作，并把个人目标和组织目标结合在一起的策略。

教练技术作为一种管理技术的问世及发展是由现代企业发展所面临的一系列新问题决定的。学习并掌握好教练技术是对原有的管理技术的有效补充。为此，我们需要清晰地了解教练技术产生的理论背景，以及它所包含的能力要求。

1. 教练技术产生的理论背景

梳理管理理论的发展脉络，可以帮助我们理解教练技术产生的理论背景。

（1）科学管理理论

由“科学管理之父”、美国古典管理学家、科学管理的创始人弗雷德里克·温斯洛·泰勒在他的主要著作《科学管理原理》（1911 年）中提出。该理论使人们认识到了管理学是一门建立在明确的法规、条文和原则之上的科学，它适用于人类的各种活动，从最简单的个人行为到经过充分组织安排的大公司的业务活动。科学管理理论对管理学理论和管理实践的影响是深远的，科学管理的许多思想和做法被许多国家参照采用。

（2）行为科学理论

该理论是20世纪30年代开始形成的一门研究人类行为的新学科，一门综合性科学，并且发展成国外管理研究的主要学派之一，是管理学中的一个重要分支。它通过对人的心理活动的研究，掌握人们行为的规律，从中寻找对待员工的新方法和提高劳动效率的途径。行为科学是综合应用心理学、社会学、社会心理学、人类学、经济学、政治学、历史学、法律学、教育学、精神病学及管理理论和方法，研究人的行为的边缘学科。它研究人的行为产生、发展和相互转化的规律，以便预测人的行为和控制人的行为。

（3）马斯洛的需求层次理论

由美国犹太裔人本主义心理学家亚伯拉罕·马斯洛提出，是研究组织激励时应用最广泛的理论。该理论认为人类的需求是分层次的，由低到高，分别是：生理需求、安全需求、社交需求、尊重需求、自我实现需求。因此，管理者应该经常性地用各种方式进行调研，弄清员工未得到满足的需要是什么，然后有针对性地进行激励。

（4）赫茨伯格的双因素理论

该理论把影响人员行为绩效的因素分为“保健因素”与“激励因素”。双因素理论又称“激励保健理论”，是激励理论的代表之一，由美国心理学家赫茨伯格于1959年提出。该理论认为引起人们工作动机的因素主要有两个，一是激励因素；二是保健因素。只有激励因素才能够给人们带来满意感，而保健因素只能消除人们的不满，但不会带来满意感。

（5）目标管理理论

由被称为“现代管理学之父”的彼得·德鲁克于1954年提出。他对这一概念做了精辟的解释："所谓目标管理，就是管理目标，也是依据目标进行的管理。"而目标管理理论中的目标，不是由上司自己决定的，是经过决策者和当事人沟通后共识的。

（6）全面质量管理（TQM）理论

TQM 以通过系统化过程改善及企业的全员参与，塑造以品质为中心的企业文化。通过全体员工的参与改进流程、产品、服务达到在百分之百时间内生产百分之百的合格产品，以便满足顾客需求，从而获取竞争优势和长期成功。

（7）战略管理理论

20 世纪 60 年代末 70 年初，如何适应充满危机和动荡的国际经济环境，谋求企业的生存发展，并获取竞争优势是管理学界开始重点研究的课题。较为突出的是，来自于战争的词汇——"战略"，开始被引入管理学界。

（8）企业再造理论

管理学界提出，要在企业管理的制度、流程、组织、文化等方方面面进行创新。美国企业从 20 世纪 80 年代起，开始了大规模的"企业重组革命"，日本企业也于 20 世纪 90 年代开始进行所谓"第二次管理革命"。

（9）学习型组织

企业唯一持久的竞争优势，源于比竞争对手学得更快更好的能力。学习型组织，正是人们从工作中获得生命意义、实现共同愿望和获取竞争优势的组织蓝图；要想建立学习型组织，系统思考、共同愿景、团队学习、心智模式、自我超越是必不可少的"修炼"。

对于上述管理理论发展脉络需要指出的是：第一，各个阶段的年代划分并非泾渭分明、非此即彼。事实上，无论是行为科学、战略管理，还是企业再造，依旧是我们今天的话题。第二，无论哪一种理论或思想，都是围绕管理的核心问题——“效果”（做正确的事）或“效率”（如何正确地做事）而展开的。而且我们会发现，管理理论的发展越来越注重人的因素。就在这样的背景下，教练技术应运而生，并长足发展。教练式领导最初出现在体育界，它专注于被教练者的心态，运用系统的方法支持他向内挖掘潜能，向外寻找可能性。教练式领导与企业联系在一起是20世纪90年代的事。企业倡导“教练式领导力”，事实上为“领导力”赋予传递了新的内涵，这就是发展员工能力。

事实上，除了上述理论背景外，“教练式领导”的兴起还有如下的时代背景：第一，信息时代，企业面临的外部环境更加复杂，因此需要强化神经末梢，中低级管理者甚至是基层员工不能仅仅是一个简单的命令执行者，也应该成为驱动企业向前的发动机，因此各级企业领导者应当以更平等的态度对待下级员工，激发他们的主动性和创造性；第二，经历了30多年改革开放，中国大部分企业面临交接班，培养下一代企业领导人时，需要上一代企业家的言传身教，就像教练一样；第三，知识型员工和“80后”“90后”员工比例在企业中不断增加，他们有更强的自主意识，在物质回报之外也追求更多的成就感和尊重感，而强调沟通、互动的教练式管理方式则能取得更好的效果。

在当前，“教练式领导力”已经成为现代企业管理者不能回避的选择。由于绩效管理的实施，教练式领导力日益成为适合提升组织绩效的有力方式，因为它能够帮助员工提升自己在工作中的独立性。

2. 教练式领导力的能力要求

真正的教练型管理者，需要从向员工“提供方案”转向促使员工

"自己找到方案"，并通过有效的倾听、总结和提问，不断引导员工积极主动地思考，从而找到解决方案。作为"教练"，管理者需要对员工的行为和绩效及时给予反馈，必要时以合理适当的方式挑战员工的行为。除此之外，研究和经验表明，教练式领导力还须具备以下能力。如表 5-1 所示。

表 5-1　　教练式领导力能力要求

能力要求	含　义
感知能力	作为管理者，要成为一个成功的教练，首先需要具有自我认知的能力，这样才能在教练他人的时候游刃有余。自我感知能力可以帮助管理者意识到激励自我的因子，从而更好地"教练"员工。同时，教练型管理者还要具备感知他人的能力，能够意识到员工的能力和局限，对自己的教练辅导方式随时做出调整，创造性地提出解决问题的方式和方法，帮助员工不断提升自身的能力
善于激励	教练式管理者需要激发员工的内在动力，而非使用外在压力迫使员工改变。但是，并非每个人生来都善于激励他人。因此，管理者需要不断培养和锻炼自己激励他人的能力，激励和鼓励那些犹豫不决和失败的人勇于承担风险，改变他们停滞不前的现状，从而帮助员工不断成长，共同实现组织的战略目标
建立关系	对于很多运动员而言，教练如朋友、家人一样值得信任。运动员和教练之间是一种自然友好的关系。因此，企业中的管理者需要乐于助人，并且能够充分表达自己的想法。同时，教练型管理者还需要与员工之间建立起充分的互动，才能有效提升员工的业绩
灵活应变	面对不同的员工，教练型管理者需要具体问题具体分析，灵活安排行动计划，从而使得整个"教练"过程能够适应不同员工的需要
善于沟通	对于教练型管理者而言，需要拥有广泛的人际交往和沟通的技能，同时，要能够聆听，提出适当的问题，并对员工的回答给予清晰直接的反馈。在与员工沟通的过程中，管理者还需要进行坦诚的交流，听取员工的意见，并对自身的行为进行及时改正

续 表

能力要求	含 义
前瞻思维	对于教练型管理者而言，需要帮助员工达到设定的目标、进行行为改变或者接受某种新观点。因此，管理者需要帮助员工找出问题所在，并帮助员工设定可行性目标与计划，同时使得员工有足够信心相信自己可以取得成功
控制能力	在教练辅导的过程中，管理者需要关注于目标和行动计划的可行性，从而帮助员工将目标变为现实。同时，人会本能地拒绝改变，因此，教练型管理者还需要帮助员工调整心态，接受改变，从而促使员工行为持续改变并最终实现目标

总之，教练技术的产生是理论与实践的结果。教练式领导是强有力的领导力工具，修炼成为真正的教练式领导的人必定是具有超强领导力的领导。

教练型领导力原理及其应用

教练式领导具体表现为上下级间的控制关系弱化，上级对下级更强调双向互动而不是单向命令的管理方式，并且更频繁地使用激励、启发和诱导的手段，以教练的方式激发下级管理者的主动性和创造性。中国企业正在面临一场管理方式的深刻变革，“教练式领导”作为一种新型管理方式，正在逐步替代以控制、指令为特征的“集权式领导”，并被相当数量的企业所采用。

1. 教练式领导力原理简介

教练式管理，或称教练式领导力，是上级管理者帮助下属自主发现工作目标，使其在组织中能以最大的热情和创造性来工作，并把个人目标和组织目标结合在一起的策略。教练式领导人往往能够充分调动员工工作意愿，提高其工作能力，高效地完成工作目标，使企业以更强的适应性面对新的挑战。

教练技术的原理就像镜子原理。镜子不会教人怎么穿衣服，但它会“告诉”你穿得怎么样，从而让你自己去作调整，自己找到解决问题的方法并自觉行动。

在管理实践中，教练型管理者一是要让员工认识到“照镜子”的意义；二是自己要成为一面“好镜子”；三是只做“镜子”，而不要超出“镜子”的职责；四是要帮助员工制订行动计划，采取行动；五是鼓励员工端正“照镜子”的态度。具体来说，“照镜子”原理可以帮助员工端正态度，从工作中学到更多，并更愿意接受工作的挑战。在这种环境下，员工会主动从工作中挖掘价值和意义，不断地设定目标、实现目标。

在实务中，教练式的领导帮助下属确定问题，因为下属可能还不知道问题出在哪里；帮助下属设定目标；明确指导下属，并制订行动计划；清楚说明决策的理由，同时也听听下属的想法，促进他们提出一些新的意见和想法，必要的时候支持和赞美下属提出的任何意见和建议；在决策的过程中，领导者依然是最后的决策人。

教练式的领导风格，从行为上来看，是双高的——高指挥、高支持；从决策权来看，领导是在征求意见以后再做决定；从沟通上来说，是一种双向交流，并且提供反馈；从监督上来说，比第一阶段的次数要少。但因为第二阶段冲突不断，建议监督的频率还要维持在一定的范围内，不宜过少；从解决问题方面来看，建议领导者不要过多插手，当团队成员认为比较困难时，再帮他解决。

如果形象地形容领导风格，那么命令式领导的方式是“照我说的做”；榜样式领导是“像我这样做”；愿景式领导描绘愿景，“跟我一起做”；关系式领导注重人际关系，至于任务，“你们商量着做”；民主式领导则问“你想怎样做”；教练式领导最特别，有“你”有“我”，是“我教你做”。由此可见，教练式领导是最亲民的，从其说话的语气就可看出其亲民风范。

2. 教练式领导力的应用

在相当长一段时间内，中国企业管理中强调的是执行力，由管理层发出一个清晰明确的指令，然后由下属员工高效执行。但如今这种传统的集权式、命令式管理已经让企业产生了诸多不适。目前，中国企业普遍受到两个问题的困扰：一是企业缺乏一批具备职业精神、高素质的中高层管理人才和技能纯熟且忠诚的员工；二是面临不断上升的人才流失率。

从表面上看，这是由于中国企业在过去的发展过程中缺乏对人才培养的重视，缺乏对人才有吸引力的职业发展规划。但换个角度，也可以认为是在传统管理方式下，被动接受指令的知识员工自主意识不能够充分体现，在企业发展的过程中得不到足够的成就感，因而减少了对企业的忠诚度。

加拿大学者弗朗西斯 · 赫瑞比 1999 年的研究结果显示，知识型员工具有以下不同于非知识员工的特征：一是较强的独立自主意识和平等价值观；二是工作具有创造性；三是劳动成果难以衡量；四是较强的成就意愿；五是流动意愿强。管理大师彼得 · 德鲁克在他的著作《21 世纪的管理挑战》中曾经指出，20 世纪管理最重要、最独特的贡献，就是在生产过程中将体力劳动员工的生产率提高了50多倍，21世纪管理学最大的挑战，是使知识员工的生产率得到同样的提高。

不仅是知识型员工，这一问题对“80后”“90后”员工同样存在。相比上一代员工，他们不仅要求较好的薪酬待遇和工作条件，更需要获得自我认同。正如某培训公司的一位培训师所说：“60年代的人还比较愿意舍己从人，愿意服从组织需要，而‘80后’‘90后’家庭条件较好，有更高层次上的需求，更加个性化、追求自由，更加追求自我价值感和彼此的尊重。”

有学者认为，当下是“DDCU年代”，即多元性、多变性、复杂性及不确定性（Diversity、Dynamics、Complexity、Uncertainty），而且今后也将是企业外部环境的常态。应对这样的外部环境，更需要员工的积极性和主动性，因此不能继续将企业员工看作是被动执行企业战略的齿轮和棋子，而应该把每一个员工都看成是驱动企业向前的发动机。

与此相应，企业管理者也不能再将自己看成是唯一的命令发布人，自己与下属员工是单项的命令—执行关系，而是较之以前更多地应用启发、诱导的方式，来激发员工的潜能。由此，企业管理者要学会从“司令”向“教练”转变。

教练型管理者实施管理时，通常依据4步程序：第一，厘清目标。帮助员工找到正确的目标。第二，反映真相。让员工知道他目前的状态和位置，包括他的信念、行为、情绪等，帮他洞悉现状与目标的偏差和距离，区分事实与真相。第三，调整心态。鼓励员工选择更有利于目标的心态，并将之贯彻到行动上。第四，按计划行动。没有计划和行动，目标永远不会变成现实。

教练型管理者有时会像催化剂一样促使员工提高行动力，让员工看到自己的潜能以及行动中新的可能性，支持员工在实践中不断自我学习，令员工努力做得更好。但在企业管理实践中，很多管理者都发现自己要成为下属的教练相当困难。导致这种困境的原因，主要是管理者常常觉得自己应该懂得所管理的任何事情，能够解决下属的全部问题，并且经理已经习惯于这样做。他们发现授权常常出现问题，因为那样做会使得他们失去对事情的直接控制。管理者相信自己应该按同样的方式管理每一名员工，但事实上却并非如此，因为每个员工都是不一样的，而且员工在成长过程中所面临的挑战也不一样。其实，教练式领导力需要管理者改变自己关于控制和命令的常规管理方式，将成长的空间让给员工。这时，管理者需要做的是帮助下属进一步洞察自我，发挥个人的潜能，从而有效地激发团队并发挥整体的力量，促进团队建设，增加企业的凝聚力，达到快速提升企业效益的目的。

在中国，越来越多的互联网公司高管开始采用教练式领导。下面通过学习联想集团的案例，会使当下的企业管理者有所收获，有助于摆脱管理中的困惑。

联想集团内部建立了一个面向其全球副总裁的“教练库”。入库的都是与联想签约的全球知名企业教练。联想副总裁级别的高管根据每个教练的背景和个人的情况，挑选合适的教练，这些教练会对他们进行一对一的辅导。联想集团的一位人力资源高级总监认为，管理知识员工更多要靠激励他们，特别是“80后”“90后”年轻一代，更多地要从价值观方面驱动他们，教练式管理风格肯定比指令性管理风格更有效。因此，联想集团注重在管理层计划做教练式辅导的培训项目，希望各级管理者在管理下属时，渐渐使用教练方式，而不是以前单纯的指令方式。

联想集团2012财年的销售额、市场份额和除税前溢利均创下历史新高，集团全年销售额同比年增长近37%，达296亿美元。同时，联想在本财年跃升为全球第二大电脑厂商，全年市场份额达12.9%，再创新高。在这一财年，联想继续在成熟市场及新兴市场有力执行“保卫和进攻”战略，并在所有区域、客户市场和产品类别上取得均衡增长，集团的全年除税前溢利同比增长63%，达5.82亿美元。

杨元庆把这张亮丽的成绩单，部分归功于联想强大的全球领导力组织，把一支多样、老练的领导团队与促动频繁协商及有效决策的组织结构结合起来，使得领导者们在扮演其领导角色中快速发挥其专长、应用其洞见。其中的频繁协商的风格，是联想集团实施教练式领导的一个显著成果。

柳传志的“建班子、定战略、带队伍”被认为是联想大厦的坚实地基，而“建班子”和“带队伍”，很大部分内容是和教练式领导相关联的。柳传志不仅经常抽出时间和高管们单独面谈，也会利用各种会议和培训的场合对管理层言传身教。1996年，柳传志看到韩国LG公司前总裁所著的《道路只有一条》一书，十分认同LG的放权思想和做法，就拿给高管们传阅，同时结合公司实际对书中的内容做了探讨，比如何时应该放权、权力应该放多少等。通过讨论，其他人也获益良多。

柳传志写给杨元庆的一封信，让我们学到了教练式领导的重要方法。信很短，从内容上看，是联想收购IBM（国际商业机器公司）个人电脑业务后写下的。信中表达了对杨元庆的认可和要求，末尾处，柳传志还建议他进一步找出自己的优点和缺点，为未来“向更高的台阶迈进”做好准备。信以两个问题结束：其一，你是不是真有这份心思吃得了苦、受得了委屈，去攀登更高的山峰？其二，你自己反思一下，如果向这个目标前进，你到底还缺什么？

柳传志在培养企业内部管理人才、激发员工热情、灌输企业价值观等方面体现了教练式领导力的特征，他善于鼓动、能为员工形象地描绘企业清晰而远大的愿景，用易于理解和生动的语言阐释企业发展战略。这一点，在培养联想企业接班人时表现得尤其突出。在杨元庆成为接班人的过程中，柳传志通过言传身教，甚至用写信的方式，提醒杨元庆发掘自身的优缺点，启发他改进领导艺术，完美地充当了企业教练的角色。

当然，不是所有的中国企业都有柳传志这样的优秀教练。事实上，企业在面临规模扩张阶段或转型的压力时，企业家最容易迷失。这意味着通过教练提升领导力的必要性。

通过教练提升领导力

“教练必将成为21世纪的新型领导手段。”我们有理由相信，这绝不仅仅只是《高效经理人教练方法和培养细节》一书的叫卖广告词。市场、竞争等外部环境的变化，企业领导人与其追随者之间关系的变化，都让我们不得不重新审视何谓领导力，重视教练对提升领导力的重要性。

某互联网公司的一位高管，能力强，业绩好，但是最近却提出辞职。公司领导多次找其谈话，结果，辞职原因不是待遇、前途，也不是同事关系，就是一句话：“不想干了。”公司老总为此很苦恼，心想这句话背后到底隐含着怎样的情绪？难道以前的按部就班的管理技能培训这时不能派上用场吗？

其实，这位公司老总的答案显而易见，这位高管不是面临技能方面的天花板，而是在理想、信念，甚至人生观上有了困惑，那么作为领导者又该如何处理这样的局面呢？这只有通过教练提升领导力。否则，一个不懂教练技术的领导，最后只有一个结局——“领倒”，即职员流失率高及运营效率低下。

教练型领导力是一种提升领导力，让企业领导成为企业教练的有效技术、工具和方法。正如中国领导力训练大师卢思华所说：“一个合格的领导一定是一个合格的教练，一个优秀的领导一定是一个优秀的教练，一个卓越的领导一定是一个卓越的教练！”

1. 教练的必要性

从外部环境的变化来看，知识的飞速更新、信息的爆炸……使得彼得·杜拉克所说的“知识员工”以惊人的速度取代工厂中的工人。站在教练大师那结实的肩膀上，你就可以看得更远了，而仅仅凭借个人的能力，你永远也做不到这一点。“不进则退”，具有忧患意识的知识员工在选择领导者的时候，肯定也将其可以依靠的肩膀作为一个重要的决策依据。知识员工的工作环境更不稳定、更加灵活，知识员工也变得更为独立，过去只重视重大决策和企业资源配置，只关心如何充分利用员工的才能来实现企业盈利目标的管理模式越来越不适应今天的需求。今天的领导人必须更加注重培养员工的才能，并能与员工建立密切的关系。一个卓越的领导人应该首先回答“我该怎样帮助这个人成为一个更有价值的个体，同时该如何使我们大家拥有更大的价值”这类问题。

从内部关系的变化来看，在如今越来越自由的空气下，领导人与追随者之间的关系已经发生了很大的变化，“被老板炒鱿鱼”和“炒老板鱿鱼”同样司空见惯。教练越来越火爆，是因为很多人都在寻找有能力帮助自己实现自我发展和自我提高的人。领导人要想主动保持与追随者之间现有的这种关系，就必须对追随者进行教授，帮助其实现自我发展和自我提高。双方都决心帮助对方实现他们的目标，这才是教练工作——也是领导力的核心所在。

2. 运用教练技术提升九点领导力

教练技术重点针对的就是全面提升一个领导人（包括各个层次的管理者）的素质、能力和技巧。形象化地归纳起来，可以分为以下九点领导力。如表5－2所示。

表5－2　　教练技术提升的九点领导力

领导力关键点	内　容
领导智能	如同职业经理人的脑与肝脏之木，用以解决企业领导团队竞争力的问题
政策能力	如同职业经理人的眼耳与肺脏之金，用以解决企业项目选择和资本运营问题
沟通公关能力	如同职业经理人的口舌与肾脏之水，用以解决企业顺利发展和诸多阻滞问题
人格文化魅力	如同职业经理人的灵魂与心脏之火，用以解决驾驭企业的意识形态问题
危机管理能力	如同职业经理人的白细胞与免疫功能，用以解决企业运营中抵御各种风险能力的问题

续 表

领导力关键点	内　容
制定竞争战略能力	如同职业经理人的心智与思维方式，用以解决企业发展定位与核心竞争力的问题
运用人力资本的能力	如同职业经理人的无形资产与自身价值，用以解决企业管理和快速发展中的影响力与执行力问题
融资理财的能力	如同职业经理人的血脉与血压，用以解决企业再生产与发展规模等问题
制定营销方略的能力	如同职业经理人的双手、双腿与神经，用以解决企业持续运营和现金流的能力等问题

一个职业经理人只要掌握了以上九点领导力，就可以从容不迫地驾驭企业，持续健康地发展企业。换句话说，一个企业要想做大做强，实现效益良好、品牌知名度高、核心竞争能力强，而且保持快速、健康的发展，作为一个管理者，尤其是企业主要负责人就应该尽可能全面地掌握以上九个方面的素质、能力和技巧。

3. 如何开展教练

教练的目的是挖掘人的最大潜能。英语中的“coach”一词最初指的是一种特殊的马车。因此，“coaching”的基本含义是“把一个有价值的人从所在地送往目的地”。教练是双方的，只有一方迫切需要进步和发展，另一方也热心帮助对方去实现这个奋斗目标时，才能建立起一种卓有成效的教练关系。

“把一个有价值的人从所在地送往目的地”包括以下 3 个义项。

一是“运送有价值的人”，即参与教练过程的人首先必须是有教练价值的。教练工作要想达到理想的效果，必须是被教练的人员真的想要改变自己的行为，并且不在公司的除名之列，不会因智力水平或职务技能所限而难以完成工作。卓有成效的管理教练模式都是建立在被教练人员自立的基础上。

二是“从他们目前所在的地方”，即从被教练人员的实际现状出发。教练的目的是为了更好地发挥被教练人员的潜能，以及找到充分发挥才干的新方法。领导者要在追随者能够消化吸收、有能力处理的范围内提供给他们有用的信息。

三是“到达他们想要到达的地方”，即教练工作必须有的放矢，满足每个被教练人员独特的需要和愿望。为了实现企业的经营目标，教练方法还必须适应企业的发展战略、愿景目标以及价值观。为了更好地实现教练目标，教练人员还应该有意识地推动被教练人员来主动思考他们应该去什么地方。

教练不是一种技巧或一次性的活动，而是一个富有战略意义的过程。它不仅能使被教练人员拥有自我发展和提高的机会，也能帮助企业克服在经营目标过程中遇到的种种困难。教练是一种战略性过程，不仅可以提升被教练人员的领导力，同时可以帮助企业克服经营中的困难。教练是实现卓越领导才能的一条行之有效的途径。

4. 如何做一个教练式领导

企业高层和中层之间认知不对称、矛盾冲突多具有普遍性，演变到一定程度就是高层觉得中层不专业，中层觉得没有受到高层重视而离职。产生这些问题的核心原因在于，公司中高层之间没有形成共同的管理语言，高层比较强势，采取典型的集中式指挥、行政式管理，缺乏对核心干部的倾听、沟通和针对性指导。集中式指挥、行政式管理比较适用于体力劳动者的管理。而21世纪管理学最大的挑战，是如何提高知识员工的生产率。“教练式领导”作为一种新型管理方式，正在逐步替代以控制、指令为特征的“集权式管理”“行政式管理”，并被相当数量的企业所采用。

（1）做一个教练式领导，要有正确的理念

教练式领导是上级管理者帮助下属自主发现工作目标、将个人目标融入组织目标，并使其在组织中以最大的热情和创造性来工作。教练式领导通过充分调动员工工作意愿，帮助其提高工作能力、高效地完成工作目标。教练式领导的关键是，上级对下级更强调双向互动而不是单向命令的管理方式，并且更频繁地使用激励、启发和诱导的手段，以教练的方式激发下级的主动性和创造性。

要实现从传统行政式管理到教练式领导的升级，关键在于领导角色转变和心态调整，要求领导人基于“彼此充分尊重和信任”的理念，平等沟通工作目标和推进策略。对下属人员的假设是“人性本善”“每个人都有慧根”，在员工内心都有“英雄主义的雄狮威风凛凛”。展开来说，对下属和核心员工的假设系统包括：任何人都是善良的、积极主动的；任何人都有自己的资源和能力，去做好工作；所有人都会为自己做正确选择；每个人行为背后都有积极意图；所有人的改变是不可避免的。所有这些，都是对领导人员内心最深处价值观的直接拷问，过不了这些关，不认同这些理念，就无法运用教练式领导。

在企业中推行教练式领导，不是无底线相信员工、放任员工凭着自己的兴趣和爱好工作，而必须将员工和管理干部的个人工作目标有效统一到公司和业务单元的战略目标上来。从这个角度，教练式领导和行政式管理在管理过程和管理方法上有共同之处，都可以分为目标制订、沟通和协调、绩效激励等步骤，但在每个步骤上的着重点有明显的区别。

（2）做一个教练式领导，要以计划为抓手

教练式领导的首要方法是发动干部和员工提出自己的工作目标。没有目标作为基础，就像大海中一艘没有方向的轮船，漂到哪儿是哪儿很危险。

在提出计划时要避免3个常见误区。一是员工完全听任上级的想法。表面上，员工说“你是老板，你说了算”，其实他们心里想的是“好吧，虽然我不同意你的想法，但是我还是会按照你说的去做。如果这个做法最终失败，承担责任的反正不是我，又不是我出的主意”。二是员工认为外部环境变化太大，提不出个人目标，这是典型不敢承担责任的借口。即便外部环境存在不确定性，但作为企业不可能打乱仗，必须基于一定的假设前提提出公司目标，在公司目标指导下员工必须提出自己的个人目标和团队目标，以确定性的努力，以应对不确定性的外部环境。三是员工认为没有上下游环节和上级的资源支持，自己目标实现的变数太大。这种情况正说明了目标和资源配合需求的一体化，有了匹配目标的资源需求，公司就有了协同事项和团队配合。

因此，计划是教练式领导的重要抓手。没有计划，老板哪怕再雷厉风行，忙得脚后跟打后脑勺，员工可能还是在那里优哉游哉，这不是执行力。“执行力”不是个人去做，也不是雷厉风行，而是当领导者不在的时候，整个团队仍旧能够有条不紊地工作。

（3）做一个教练式领导，要以教练为手段

人的综合能力有3个要素：心态、沟通、知识。在过往的学习和工作中，常常很看重知识、方法和技巧，却对心态、沟通视而不见。但心理学统计研究表明，个人成功与智商的关联度不到30%，真正起决定性作用的是个人的心态和沟通协作意识。这也是教练在很多企业大放异彩的原因。

教练通过使用启发式的教育，用疑问、反问来促使下属更多思考，同时给予下属合理反馈，区隔他的想法和环境变量的异同，帮助他洞悉现状与目标的偏差和距离，引导他瞄准正确的问题、提出解决问题的方法，并督促他实现。更重要的是，帮助员工积极调整心态，在理性和情感层面赢得承诺，基于对人的了解以激发和激励员工，帮助员工将积极心态贯彻到行动上。

（4）做一个教练式领导，要以绩效激励为动力

教练式领导不适用于所有下属和员工，每个企业和领导人都会寻找匹配公司文化和自己管理风格的员工。马云说“寻找几万个志同道合的人”，联想也有“入模子”的做法，海尔提倡“赛马而不相马”。

通过几个绩效周期的评估和观察，综合下属在不同维度的表现，一定能挑选出相对适合团队和领导风格的人员，在实现团队业绩目标的同时，选出价值观匹配、德才兼备、业务能力突出、管理基础好的下属，作为重点激励对象，拉动核心队伍的业务能力和凝聚力提升。

总之，作为管理者，已经无法回避“教练式”这一日渐盛行的管理新角色。管理者应该不断培养自身的教练式领导力，找出自身的优势和劣势。对于企业而言，需要帮助管理者不断培养这种全新的管理风格，帮助员工释放自身的潜能，从而最大限度地提升组织绩效。

互联网企业领导力的特征

由于互联网自身的高度开放性与持续互动性，互联网企业正在变成一种具有形成集体与群体意志的社区，成为了价值观形成平台与价值观

赋予者，进一步会变成人格养成者与多元人格容纳者。这意味着，互联网企业一个容纳人的空间，在时间上与空间上变成了一个特殊的海量容纳平台与集体人格展现平台，同时也展示出吸引人、凝聚人、促动人与提升人的特殊领导力。

现实中，互联网企业的特殊领导力具有五大特征：系统思维与决断力；主动创新与持续进步；资源整合；洞察用户需求；激发团队斗志。

1. 系统思维与决断力

这一特征强调的是，能够依据已有数据、知识和经验，动态、联系和发展地看问题，全面审视公司战略环境的变化趋势，系统科学地进行公司风险与机遇、优势与劣势分析，前瞻性地进行公司未来发展的业务布局与资源整合工作，明晰公司未来发展的工作重点和业务层次，领导制定具体可行的工作实施规划，并推动落实执行。其关键点是系统思考、正确判断、聚焦问题和果断决策。

在分析问题时，能够认识到整体与部分的统一，也能考虑到正面与负面的因素。在具体问题分析过程中，一方面，弄清问题间的层次、关联、因果与先后次序等逻辑关系，对欲决策的问题形成正确的判断，并抽象聚焦问题，确定工作的重点和主要环节，以此来做出果断明确的决策部署；另一方面，善于听取他人意见，经常利用集体智慧启发自己的灵感，指导团队成员进行复杂的决策活动，运用高超的系统分析技能高效汇总各方面意见，最后做出科学的决策并为大家所欣然接受。对于重要工作决策问题，经常思考“可能会遇到哪些问题？如果遇到将如何应对”，督促下属全面考虑各种因素并进行科学的分析论证，得到相对满意的解决方案，并付诸实施。

2. 主动创新与持续进步

这一特征强调的是，在工作中主动学习、积极思考、认真负责，善于发现问题和不足，主动求新求变，力求工作中的创新，以推动自身工作水平以及部门工作的不断向前发展。其关键点是责任意识、敏锐思变、善于学习和主动突破。

在具体工作中，能够主动思考目前本职工作中存在的问题与不足，并主动想办法予以改进；工作中经常采用新的概念和方法，来改善工作流程或改进某一个具体的细节，提高工作效率。对外界变化较为敏感，并反应快速，能对业务和部门工作存在的问题做深入的分析，在一定程度上预见其中的风险与机遇，能够提出关于自身工作改进、部门业务发展、内部管理提升的简单工作改善或优化意见；能够有意识地关注与自身工作相关的知识和技能的发展趋势，注重对专业领域的技术发展、理念革新、方法创新、应用水平与国内外行业发展的最新动态做持续的追踪研究，主动收集和学习相关知识和技能，并能将有关新知识和新技术应用到实际工作中去；善于发现问题和不足，主动求新求变，力求在经营、管理、组织、制度、流程、技术、方法等方面的创新变革，推动公司工作不断向前发展。

3. 资源整合

具有经营意识和成本意识，从宏观上考虑资源的配置，洞察内外部各种资源的价值、需求和增值前景。善于将各种分散的内外部资源（人力、物力和财力）集中和组合起来，通过全盘思考与组织协调，将这些资源进行统一分配使用，使其使用率达到最大化，并通过对外部资源的有效利用，弥补企业自身资源的不足，缩小战略目标与资源条件的差距。其关键点是经营意识、资源分析、资源管理和资源评价。

在具体工作中，能够进行资源需求分析，明确支持工作顺利完成的各种资源需要及可能的获取程度和来源，据此进行有关资源的开发与配置。充分利用团队资源、跨部门资源、公司资源（如业务、市场、用户、品牌与人员），对支持业务发展的各种资源有机地进行配置，并寻求资源配置与用户需求的最佳结合点；制定每项决策时都进行必要的资源需求以及资源使用效益（成本与收益）分析，有的放矢，提高企业的资源利用效率，从而取得“1 +1 >2”的效果。

4. 洞察用户需求

站在用户角度想问题，理解不同层次用户的现实需求，并洞悉和把握未来的变化趋势。据此，形成目标明确的业务管理与发展目标，在注重平衡好用户需求和公司利益的前提下，不断提供超越用户预期并能显著增值的解决方案，以此来有效解决用户问题。其关键点是洞察需求、业务改进、平衡价值、顾问营销。

在具体工作中，能够对市场和用户的需求进行基本的了解，关注来自用户的反馈信息，从用户的需求出发设计方案组织开展业务；关注用户需求，把用户需求转化为改进需求，进一步检查需求落实后的结果，妥当地处理用户的一般性抱怨和投诉，保持职业态度和耐心；对现场用户的疑虑、询问、期望、投诉和抱怨与用户作坦诚的交流，快速解答，并能形成工作改进的具体方案；主动了解用户的期望与要求，积极响应用户需求，换位思考处在用户的角度考虑问题，鼓励用户参与，组织有针对性的调查活动，准确了解用户的需求，准确预测用户需求的变化趋势；根据对用户需求深入的了解和理解，挖掘商业机会，为不同类型的用户设计个性化的产品和服务，制订有效的推广方案，快速准确地解决用户的问题，不断提高其满意度；能够注意平衡公司与用户利益，使得产品与服务方案可行现实；能够从用户角度对产品和服务管理制度和流程上存在的问题提出建议；贴近市场，站在用户角度想问题，深入了解和理解不同层次用户的现实需求，并洞悉和把握未来的变化趋势，据此形成公司产品与服务的改进提升以及重点发展的方向，灵活组合推动，为不同层次需求的用户提供定制化的产品与服务；在注意平衡好用户需求和公司利益的前提下，不断提供超越用户的预期并能显著增值的解决方案，以此来有效解决用户问题；建立有效的用户反馈机制以及需求分析的系统方法体系，把握用户需求变化趋势和规律；从用户角度出发，推动或实施产品和服务管理及内部流程的改进，提高公司整体对用户的反应速度。

5. 激发团队斗志

兼顾员工发展需求和公司发展需求，创建团队内部积极向上的竞争活动来调动大家的工作干劲，以旺盛的工作激情和对公司未来美好愿景的描述来感染激励团队成员的工作热情。其关键点是兼顾需求、坚定乐观、多种激励、鼓舞感召。

在具体工作中，能时常从员工的角度出发，基于员工的特长和兴趣爱好安排员工的工作；适度考虑员工的个人发展；为员工工作创造和谐的环境，使得员工工作心情舒畅；能清晰地解释工作的关联性及其意义；结合员工的工作成绩，主要给予物质奖励，能对特定的任务设立灵活的激励机制；员工超负荷工作时能施以援手，鼓励员工承担压力；定期组织团队活动以加强团队融合度；工作中以身作则，以旺盛的工作热情和忘我的工作精神来感染带动团队成员的工作积极性；善于描绘激动人心的使命和目标，使下属充满热情和希望；与员工打成一片，友好热情，真诚沟通，平易近人，主动关心帮助员工成长，及时发现并解决员工的问题和困难，耐心指导；采用合适的物质和精神奖励鼓舞先进，并作为先进模范引导团队成员集体进步；经常组织团队活动来凝聚团队合作的氛围；善于组织各种有益于调动大家工作干劲的竞赛活动来激发团队斗志；通过对公司的发展愿景和文化理念的不断传播，以及公司、团队美好的发展前景描述来鼓舞感召广大团队成员奋勇拼搏；关心员工成长，在工作中注意员工的情绪与态度变化，坦诚沟通、悉心指导，帮助他们卸下思想包袱，以高昂的斗志投入到工作中去；创建团队内部积极向上的团队活动，丰富大家的业余生活，不断提高员工的凝聚力，调动员工的工作干劲。

很多的互联网企业常常是在技术与工具意义上讨论互联网，而且很多的领导者在自己的领导方式没有进步的情况下考虑互联网的节奏与战略。事实上，他们可能遇到的冲突就是以前的领导模式与互联网领导模式所产生的差异效应之间的冲突。因此，认识互联网企业领导力的特征很有意义，因为它会塑造与影响网民的被领导意识与跟随模式，也会有效解决互联网领导模式之间的协调与适应的问题。

用互联网思维提升领导力

互联网时代，商业的本质虽然并没有改变，但是在方式上却带来了颠覆性的改变，领导力也不例外，重复旧有的管理模式将会寸步难行。如何用互联网思维提升领导力，是当下企业管理者的一个重要命题。

1. 互联网思维及其主要特征

互联网思维是一种嵌入互联网特征的新的思维方式，就是在互联网、移动互联网、物联网、云计算、大数据等科技不断发展的背景下，对市场、对用户、对产品、对企业价值链乃至对整个商业生态重新全面审视、系统化的一种思考方式。也就是说，互联网时代人们的思考方式，不仅局限在互联网产品、互联网企业本身，而更重要的是着重考虑企业的社会化思维及其价值。互联网思维的实质就是用互联网的模式来思考并且解决问题。互联网思维特征，目前有多种认识，其中以雷军提出的互联网“七字诀”（专注、极致、口碑、快）最为大家津津乐道。本文归纳互联网思维的主要特点有以下几个方面：

第一，互联网思维追求不断探索创新和改善。互联网运营的特点是一头聚集着引领企业创新的客户需求，另一头则是实现这些需求的解决办法。因为互联网的出现使企业产生了很多新的模式、新的产品、新的形态、新的传播方式、新的消费观念、新的体验、新的价值等。这个改善从人们思维意识、思考方式、行为习惯、营销方法上都有体现。

在小米公司里，有关部门每天都有技术改善讨论会，大家研究的都是用户提出的五花八门的新想法。例如，手机丢了，怎么帮我找回，又如在黑暗中，手机如何直接变成手电筒等。数以千万计的小米用户成了小米研发的外援团，每天大量对手机的需求、意见、建议，都会通过微博、微信、论坛的渠道传递给小米。根据不同需求，小米手机的系统每周都会进行更新，每次更新都会发布几个甚至十几个功能，这其中就有1/3是由用户提供的。小米公司这种不厌其烦地时刻追求技术改善、产品卓越的态度和思维方式，就是互联网思维不断追求探索创新的行为方式。

第二，互联网思维追求用户的信任（口碑粉丝）。消费者是购买者，是花钱买产品的人，这类人或许成为使用者，也就是最终用户。但是也有些人不是用户，如粉丝未必是购买者，他可以是对这个产品极度热爱，但又在短时间内没有形成购买，他也对产品产生情感，有忠诚度，并愿意跟别人分享这个品牌。口碑的真谛是超越用户的希望值，超越期望值。粉丝的力量及对产品的忠诚度的热情不可小觑，他或许乐于与企业沟通更紧密，更愿意参与到企业产品创新、产品营销中来，在某种程度上，粉丝对产品的这种信任度为企业组织的创新与发展带来巨大的正能量。

2012年9月28日，小米公司通过微博向外界宣布，小米手机的销量已达到400万台。在此前9月20日的第三轮购买中，30万小米手机1S在4分12秒之内售罄，刷新了此前的纪录，令业界瞠目结舌；小米2代工程机也已于2012年9月22日限量发售，正式版于10月中下旬发布。相较于其他手机厂商的举步维艰，小米公司以近乎“卫星”的速度在发展。先是2012年夏天，以一场估值达40亿美元的融资，创下了当年全年中国企业的融资之最；接着，小米科技对外宣布，2012财年出货量为719万台，销售额（含税）达126亿元。一家成立不到3年，产品卖了只有一年多的创业公司竟然跻身百亿元俱乐部，这样的成绩在全球创业公司中绝无仅有。

小米手机成就了一个粉丝经济的神话。小米的销售归功于“粉丝经济学”的胜利。雷军坦承，小米手机成功的要诀有三，创业团队、创新和粉丝经济，而粉丝经济是其中最为重要的因素。

第三，互联网思维追求组织结构的扁平化。互联网思维，是一种思维模式，是我们在云计算、大数据、移动互联网等背景下思考企业发展、产品创新、营销推广，这将构建一个全新的生态圈。一个网状结构的互联网，是没有中心节点的，它不是一个层级结构。虽然不同的点有不同的权重，但没有一个点是绝对的权威。所以，互联网的技术结构决定了它内在的精神，是去中心化、是分布式、是平等。平等是互联网非常重要的基本原则。

当年45岁的杰克·韦尔奇执掌GE（通用电气）时，这家已经有117年历史的公司机构臃肿，等级森严，对市场反应迟钝，在全球竞争中正走下坡路。按照韦尔奇的理念，在全球竞争激烈的市场中，只有在市场上领先对手的企业，才能立于不败之地。韦尔奇重整结构的衡量标准是：这个企业能否跻身于同行业的前两名，即任何事业部门存在的条件是在市场上“数一数二”，否则就要被砍掉、整顿、关闭或出售。在公司治理方面，韦尔奇看透了大公司弊端，锐利改革从人事架构开始。他称之为平面化无边界管理的做法是将高管层9名成员削减到4名；而他开创的名为“群策群力”的管理方法，使公司不同部门、级别、职位的员工得以坐在一起，共同讨论和决定如何改善公司的操作。

第四，互联网思维追求知识共享信息互动。互联网的发展过程，本质是让互动变得更加高效，包括人与人之间的互动，也包括人机交互。

互联网思维就是充分利用互联网的精神、价值、技术、方法、规则、机会来指导、处理、创新、工作的思想。学习借鉴别人的长处才能提升自己的智慧，“我思献人人、人人助我思”的互联网思维顺势而生。互联网以用户体验为中心，真正找到用户的痛点，找到用户的普遍需求，为客户创造价值。

对于浏览器产品而言，“快”的特性是各个品牌想要向目标用户传递的关键信息，但与此同时搭载“快”这一产品特性的技术原理晦涩难懂，所以找到既能让用户直观地感受到浏览器快，又区隔于竞争对手的传播方式是在浏览器市场红海中制胜的关键。正是基于这一思考，加上对现今用户多屏获取信息的媒介特征的洞察，匹配产品的移动特征，今日手机 QQ 浏览器利用 Web Socket 技术（实时服务器客户端连接），开发出“谁能比我快”浏览器赛跑这样一种极具创新性的双屏（手机—电脑）游戏形式。用户在双屏的浏览器赛跑游戏中，不仅可以体会到 X5 内核的速度特性，还能体会到跨屏穿越的高级功能，使用户获得对浏览器产品功能的深度体验。

第五，互联网思维追求注重人的价值。互联网商业模式必然是建立在平等、开放基础之上，互联网思维也必然体现着平等、开放的特征。平等、开放意味着民主，意味着人性化。从这个意义上讲，互联网经济是真正的以人为本的经济，互联网思维提倡人文主义精神，肯定人的价值和尊严，主张人生的目标是追求现实生活中的幸福，倡导个性解放，反对愚昧迷信的神学思想，认为人是现实生活的创造者和主人。互联网是一种观念，互联网时代的商业思维是一种民主化的思维，讲诚意，拥有尊重人、激励人、鼓励人、愉悦人等的基因元素。

淘宝品牌“三只松鼠”2012 年 6 月在天猫上线，65 天后成为中国网络坚果销售第一；2012 年“双十一”创造了日销售额 766 万元的奇迹，名列中国电商食品类第一名；2013 年 1 月单月销售额超过 2200 万元；一年多时间，累计销售过亿元，并再次获得 IDG（美国国际数据集团）公司 600 万美元投资。这是哪个品牌？三只松鼠为什么能够成长这么快？我们从侧面看一下，看看三只松鼠货品包裹，除了坚果，不能吃的有哪些？卡通包裹，一个带有品牌卡通形象的包裹；开箱器；快递大哥寄语；坚果包装袋；封口夹；垃圾袋；传递品牌理念的微杂志；卡通钥匙链，俘虏用户心的小玩具；还有湿巾。

2. 树立起互联网思维，提升互联网领导力

作为互联网时代的管理者，需回归本源，重返领导，树立起互联网思维，提升互联网领导力。

树立“众包”思维，群策群力，构建聚变创新的企业。就像工业革命的技术发明克服并延展了肌肉力量一样，信息革命的技术发明克服并提升了大脑理解和塑造环境的能力。网民群众在掌握了信息网络技术之后，就会变得更加活跃、更加智慧，成为专家，成为创客。因此，领导干部要树立“众包”思维，激发和凝聚网民群众的智慧和活力。众包就是组织把过去由员工执行的工作任务以自由自愿的形式外包给网民群众去做，把精英都做不好的事交给草根去做。树立众包思维，领导者不仅要自己出主意，而且要让网民出主意，从中“选”主意，“合”主意，形成比较完善的决策方案；善于决断，制定合理的公共政策，回应

网民需求；通过网络传播，让公共政策深入网民心中。

树立“免费”思维，共建共享，构建公平正义的企业。互联网越是开放，发展就越是迅速，服务质量就越好，互联网服务企业的投入成本越低，网民的进入门槛和使用成本越低；使用互联网的人越多，互联网的价值越大，互联网产生的效益越多。大型网络平台无不免费开放，吸引更多的网民，产生更好的效益。从领导角度来看，领导就是引导追随者共享美好生活的过程。因此，领导者要适应新经济社会发展趋势，树立免费思维，加快共同富裕过程。

树立“共赢”思维，共治善治，构建和平共处的企业。信息交流已经加快催生了各种合作和共赢行为。而从领导角度来看，共赢也应当是当代领导思维新模式。基于网络平台的多元主体共建愿景，共同治理，通过合作共赢可以创造更大的价值，共享“合作红利”。

总之，在互联网时代，领导者已遇到了不少的挑战，传统的管理模式都不奏效了，现在必须用互联网思维去打造新的领导方式。没有成功的企业，只有时代的企业。一句话：互联网思维，“药”不能停。

第六章

互联网企业的“灰度领导力”

互联网时代对企业家和企业管理者的能力提出了挑战。要重构战略成长，首先要重构企业家和企业高层管理者的领导力，以“新领导力”适应新时期企业成长的战略需求。“新领导力”就是“灰度领导力”，其核心是要重塑大家的使命感、责任感和能力，具体体现在5个方面：愿景领导力、跨界领导力、竞合领导力、融合领导力、真实领导力。

“灰度领导力”的核心要素

新时代下要重构企业战略成长，首先要求企业家和企业高层管理者要有新的领导力。这种新领导力就是“灰度领导力”，它有3个核心要素：使命感、责任感和能力。可称之为“新领导力金三角”。如图6－1所示。

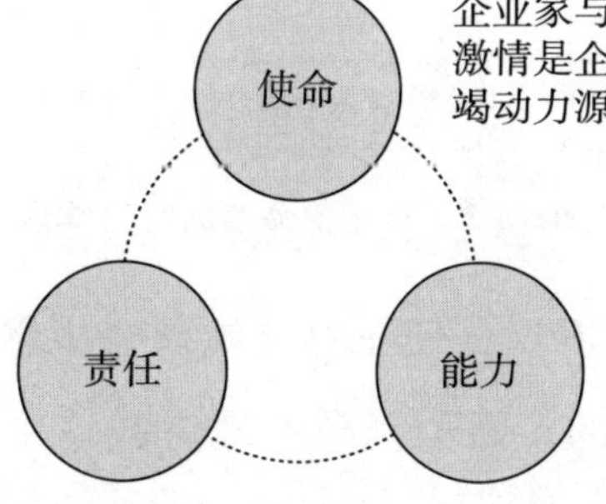

图6－1 “灰度领导力”三要素

1. “灰度领导力”核心要素之使命感

中国企业发展到今天，在新的时代背景下，从企业家开始到各级高层管理团队，还是要重塑使命追求与事业激情。除了有追求、有信念、有理想以外，使命感还体现在很多方面，比如如何对待事业。很多人居功自傲、创造力衰竭，这本身就是使命感缺乏的表现。有使命感的人就要有谦卑进取、持续奋斗的精神，而那些没有使命感的人则恰恰相反。如图6-2所示。

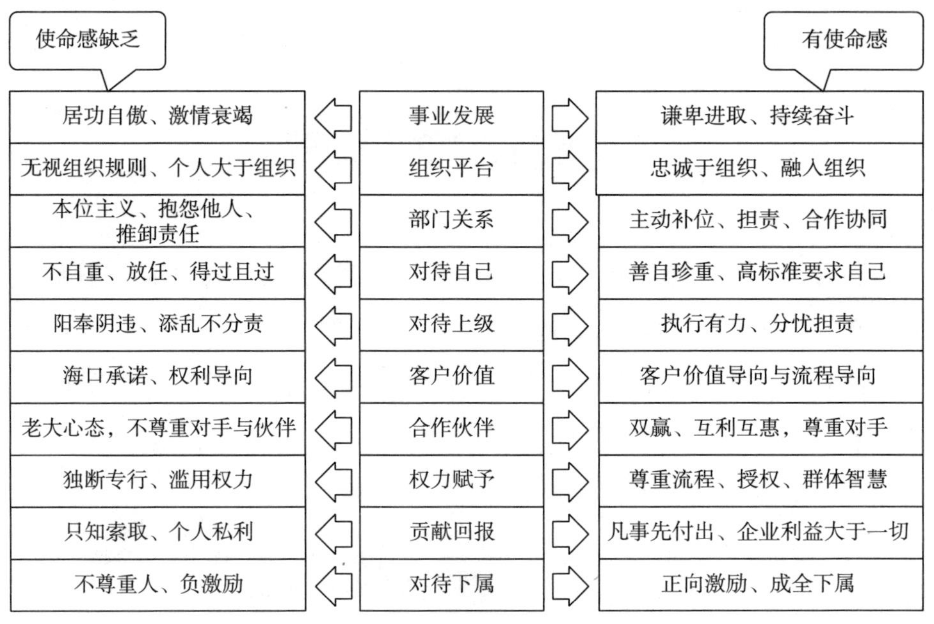

图6-2　有无使命感的行为体现

通过图6-2可以看出，使命感是体现在很多行为上的，是从你的行为中可以判断出来的，而不是简单地讲我这个人有使命感、有事业感、有成就欲望，最重要的是看你在工作中怎么对待事业、组织；怎么对待他人和自己；怎么对待下级和上级；怎么对待合作伙伴；怎么对待权利和贡献。这些都是使命感很重要的体现，也是看大家是不是忠诚于这个组织、能不能够集聚在共同使命追求下抱团打天下的很重要的标志。企业越是发展到有一定规模、一定积累的时期，越是要提倡重塑高管的使命、追求与事业激情，这是企业从优秀走向卓越的不竭的动力源泉。

2. “灰度领导力”核心要素之责任感

对于企业高管来说，道德感召力、责任感是大于他的能力的，责任才能成就卓越，责任高于一切。企业高管缺乏责任感是导致一个企业萎谢的主要原因之一。一个高管有没有责任感也是能通过他的行为体现出来的，比如，没责任感的人打工心态严重，得过且过混日子，敢于担责任的人则会提出挑战性的目标；没责任感的人是担责不拍板，真正有责任感的人担责敢拍板；没责任感的人在行为方式上是官僚主义、形式主义，不接地气，有责任感的人作风务实、能够深入一线，真正走进市场、走进客户、走进员工，等等。如图 6－3 所示。

图 6－3　责任感的行为体现

企业能不能真正形成凝聚力，高管团队是不是有使命感和责任感，这是中国企业能否抓住当下的时代机遇所面临的最大挑战。

3. “灰度领导力”核心要素之能力

“灰”是一种颜色，是黑与白的融合，意味着企业的生存环境和未来不是简单、纯粹、易于辨别的，而是多元、复杂、存在不确定性的。“灰”又是黑与白之间的过渡，它混沌、模糊，同时也蕴含着多重元素；在混沌表象下实则孕育着活力和生命力。“灰”最大的特征是“中间状态”。这与当前中国经过前期快速成长起来的很多企业面临的状态高度相似。抛开外部诸多变革的因素，这个时代最大的挑战和机遇正是来自于企业家和高管自己。这就是能力问题。

企业家和高管只有突破自我设限，提升管理灰度的能力，才能带领企业由混沌走向清晰，创造颠覆性的变革，为企业带来全新的商业模式和发展机会。

“灰度领导力”之愿景领导力

在这样一个质变时代，一个价值网和大数据的时代，恰恰是要靠价值观来重塑企业的使命感，用共同的价值理念、共同的理想愿景来凝集组织的力量，这就叫愿景领导力。愿景是企业文化的重要组成部分，领导者要打造愿景领导力，以文化意义的愿景引领企业的未来。

1. “愿景”的内涵

企业愿景是企业里所有人的共同使命、共同目标、共同价值观，激励并约束着企业里所有的员工，无论企业在职业生涯规划中处于哪个阶段，都能够为员工提供动力、提供一切的精神激励，主导员工。

共同愿景在建设初期有多种方式，如演讲、企业目标、平时的宣传、问卷、互相监督、长远计划的共享、组织决策共同商讨、行动学习等都可以起到思维诱导作用。而当在决策、执行、运营的时候如果出现了侵犯个人的利益时，而这个人在团队力量愿景的作用下也会毫无埋怨地跟着团队走，一起去创造，一起将利益最大化，否则根本无法在团队里生存，因为你如果有怨言，那么同事会将怪异的眼光投向你。其实这也是双赢里的重要原则之一。

在国内的企业中，愿景型领导的代表是马云，很多人对马云创业故事的个中辛酸都有所了解，事实上，促使他成功的关键原因之一是他那种鼓舞人心的力量，即愿景型领导风格。他曾经讲过这样一段话：“一群搞电子商务的公司在爬山，有些人在半山腰的时候看到了散在那里的碎金子，就急着去捡，我们却还在攀登，越来越多的公司跑去捡金子了，我们还是控制着自己的欲望，爬啊爬，现在我们还在爬，但我们看到了山上的曙光，我们看到了山尖上的金山。”与一般的领导者的区别在于，马云总能在一段时间后兑现自己的“承诺”“愿景”，阿里巴巴一上市，便造就了一大批富豪，也就是看到了“山尖上的金子”。

企业用愿景作为铺垫，从公司的历史、成长过程、危机处理、人力资源调配、客户服务、品牌调整、高层领导的行为习惯等都会熏陶出企业独特的文化，使得企业文化更加能够让人在物质、制度、精神三大方面构成企业的核心价值观。需要说明的是，企业愿景的共同价值观与企业文化核心价值观还是有点不一样的。企业文化的核心价值观一旦形成，是不会轻易改变的，而企业愿景的共同价值观追求实现利益最大化，因而会随着市场、政治、经济、文化、科学等而做适当的调整。当企业所有人长期在为实现这个愿景而努力时，这些愿景就会渐渐融入到企业文化之中，成为企业文化不可或缺的重要组成部分。

2. 打造愿景领导力

愿景是构成鼓舞人心的领导力的重要部分。在中国，凡是做得好的企业，其企业家都是思想家，如柳传志、王石等。尤其是在当前信息极多极便捷、价值选择多元的时代，人们反而容易出现价值迷茫，这时候其恰恰需要目标牵引和价值观牵引。因此，这个阶段的企业就需要重塑愿景领导力，需要有精神领袖进行思想的传递。没有愿景，整个企业就失去了发展的力量和取得新成就的动力。

（1）打造愿景领导力，就需要进行价值选择

愿景的核心问题是价值选择，而实际的价值选择则是异常复杂的价值整合过程，涉及个人价值、团队价值、组织价值、国家价值乃至人类价值。从价值观的层面分析，领导者必须整合个人、团队、组织、国家和人类的价值观。纵观人类发展史，最成功的组织或个人都是那些能够在更高层面整合不同利益相关者的价值观并以此作为组织愿景的组织或个人。

（2）打造愿景领导力，就需要观察社会演化

任何组织的价值观及其对未来的认知都是动态变化的，而社会演化是影响组织愿景的最关键的外部要素之一。社会演化是指社会整体的变化，具体包括社会心理、社会制度、社会结构、社会地位的变化、社会性质、文化变革等。

（3）打造愿景领导力，就需要注重科技进步

从近代社会开始，科学技术对组织发展的影响越来越大，领导者构建组织愿景必须考虑的科技因素，包括新理念、新知识、新技术、新产品、新产业。其实对领导者而言，无论是新的理念、知识、技术、产品还是产业，关键是要把创新精神导入愿景。

（4）打造愿景领导力，就需要实施组织变迁

愿景是组织未来的发展图景，是组织历史和现实的延续。虽然组织的未来发展图景在很大程度上是由外部的社会价值观、社会演化、文化变革和科技进步等因素决定的，但对于那些具有悠久历史、强大核心竞争力和卓越领导者的组织而言，未来发展图景也受组织内部因素的影响，主要包括组织历史、组织业务、组织人员、组织战略、组织的核心竞争力等。因此，领导者在制定组织愿景时要重点考虑组织内部因素。

总之，一个好的愿景能够使组织持续抓住各种发展机遇，整合各种优势资源，既实现跨越式发展，又实现持续发展。然而，愿景是不会自动形成的，好的愿景通常都是在优秀领导者的引导下逐步提炼和完善的，因此，是否能够为组织制定适宜的愿景就成为衡量优秀领导者的主要标准之一。培育和提升领导者的愿景领导力，需要重点掌握价值选择、社会演化、文化变革、科技进步和组织变迁等方面的知识，需要巧妙动员组织内外部的各种关键力量来参与制定愿景的讨论，需要把主要利益相关者的愿景整合为组织的共同愿景。只有这样，才能最大限度地

调动各方面的积极性、能动性和创造性，才能真正使愿景落到实处、逐步变成现实。

“灰度领导力”之跨界领导力

跨界领导力强调企业家要有跨界思维。因为在互联网时代，你只要基于客户价值就完完全全可以跨越产业边界、跨越企业边界地去思考产品和服务的创新。阿里巴巴未来最大的产业和资产可能是金融，而不是它的商业平台。跨行业、跨领域的合作与发展是大势所趋，当然，这需要企业家具备极度开阔的视野和思维，不仅能看到跨界的商业机会，更能互联互通、构建企业价值网。这也需要领导者是个多面手，能跨界进行整合和领导。

1. “跨界”的内涵

跨界的意义应该来自克拉克定律。亚瑟·查理斯·克拉克是英国著名的科幻小说作家，他在数十年的科幻创作和科技研究中积累了丰富的经验，并以“定律”的形式加以总结，这就是所谓的“克拉克定律”。第一条定律是，一个德高望重的前辈科学家，如果他说某件事是可能的，那他几乎肯定是正确的；如果他说某件事是不可能的，那他非常可能是错误的。这条定律在肯定了德高望重的杰出科学家正确的同时，也指出他有可能因为经验的限制而误判。第二条定律是，稍稍突破两者的分界线，进入不可能的领域，就能够弄清什么是可能的，什么是不可能的。这条定律指出了人类认识的局限性，说明想要开拓新领域必须大胆假设。第三条定律是，任何技术，只要足够高深，都无法与魔法区分开来。这条定律揭示出新科技的新奇性和难以被人理解的特点。

互联网行业归根结底是个“沟通”的行业，由此提供了巨大的连接能力。从这个角度出发，它也许不仅仅是乔布斯所说的“头脑的自行车”，而是整个经济的自行车。跨界的挑战，就在于把其他行业的价值逻辑和这辆自行车的运转逻辑有机地连接起来。

> 2015 年，百度跨界与航空公司的合作属国内首创，着实让“百度钱包”这个含着金钥匙出生的品牌宝宝在空中“飞”了好一会儿。双方联合推出国内首架“孝心”专机，飞机首航搭载的每一位乘客都是“孝心”人士的双亲父母，不仅享受门对门接送，全程贴心定制服务，还可把照片直接喷绘在飞机上。值得一提的是，百度钱包刷飞机的动作瞬间招来一堆互联网大咖的模仿，一时间飞机很忙！

跨界的本质就是创新。跨界打破了分类特有的语义环境，概念和逻辑得以重新运算，从而产生新的词汇及语义，其在现实世界的映射则是新品类应用或新技术的产生。推而广之，跨界可以产生合作，跨界可以进行资源整合，跨界可以做营销，如此等等。互联网企业最善于跨界，这就给打造跨界领导力提供了各种可能。锻造跨界领导力，就是能够建立起以客户为中心的全整合企业。

2. 打造跨界领导力

所谓“跨界领导力”，即基于发现自我，转化行为，发展影响力，建立新共识，再造新界限的能力。跨界是全方位的，故称“360 度跨界领导力”。

跨界领导力需要打破不同领域的界别限制，通过沟通、合作、影响、共赢，重新建立共识与认同感，为组织、企业的发展打造一个新的坦途。但在现实的领导活动中，由于人们的自我认同的问题而造成无法跨界。“自我认同”代表一种价值、一种文化。文化背景不一样、核心价值不一样、自我价值不一样，导致不同主体界限分明而难以跨界。比如，在足球比赛中，作为两个队的队员，界限分明、彼此对立，并相互提防，从而无法跨界。

由此可见，其一，认同度是关系自我与他人归属的核心要素；其二，认同度是辨认我们与他们的核心平衡因素，也是跨界领导力的关键挑战；其三，认同度定义自我、核心价值与信念以及如何决定与他人在每天的生活互动里建立关系。从这个意义上说，核心价值是决定跨界最好的驱动力。要发展跨界领导力，领导者或有关人员首先必须确认自身的核心价值与核心身份，以此为出发点，才能明确跨界的目标和方向，才能考虑我们在何时与谁建立什么样的合适关系，怎样进行合适的跨界，然后才能付诸行动，再造跨越新界限的能力。

（1）打造跨界领导力，需要培养平衡互相矛盾的职业选择能力

即在不同的职业目标互相冲突或有所重合的时候能通过有效地权衡、比较，揭示出隐藏在各种职业目标背后的“公共价值”，在不同职业目标间“游刃有余”、驾驭自如，从而成功地实现其职业目标的能力。

（2）打造跨界领导力，需要做到跨界转换

即直面新挑战，适应新环境，擅长实践不同的方法和技能，跨领域高效工作的能力。在此过程中，领导者要扮演很多角色，有些是跨界的角色，跨界转换能力更是不可缺少。

（3）打造跨界领导力，需要培养情景智商

即能准确判断情景的不同，善于找寻不同领域的共性，自如切换角色，选择恰当方法，成为有很强适应性的跨界领导。

（4）打造跨界领导力，需要培养拓展知识脉络的能力

成功的跨界领导者应长期关注某个问题或议题，并围绕这个主题逐渐积累相关的专业知识；且能触类旁通，举一反三，具备突破单一领域的知识障碍，在新的高度上解决新的问题。

（5）打造跨界领导力，需要培养跨界人际网络的能力

人际网络即一个人的人脉关系。人际网络对任何职业者都重要，但对于跨界从业者尤为重要。它是跨界领导力的前提和基础。只有通过各界人士的有效沟通、情感交流，跨界才能实现。人际网络越广泛，跨界的范围就越大。一个在界外没有人际网络的人是很难跨界的。

（6）打造跨界领导力，需要储备必备知识的能力

跨界需要必备的知识，尤其是跨越本专业领域的邻近专业领域的知识，以及渗透于各领域的或各界都需具备的知识。只有具备了必备的知识，才能满足跨界的不时之需，才能在一旦需要离开熟悉的职业路径时，迎接相应的经验和能力考验，承担相应的风险。

世界在转变，社会在变革，企业在转型。身处于改革潮流之中的我们每一个人，只有不断超越自我，提升跨界、整合能力，打造跨界领导力，才能提升全方位沟通能力，引导组织变革与高效创新。

“灰度领导力”之竞合领导力

领导者一定要有竞争合作的意识，因为在这样一个混沌、多变的时

代，对手可能瞬间变成朋友，朋友也有可能变成对手。因此，未来企业之间不会仅仅是你死我活的竞争，而是走向合作、妥协和相互依存，在既竞争又合作中实现多赢，并共同维护竞争秩序。当然，竞争合作不是否认竞争，竞争在合作的前面，是因为没有竞争能力你就没有合作能力，人家凭什么跟你合作？合作的前提是竞争力，只有当你具备资源和能力时才有合作的前提。

1. “竞合”的内涵

竞合是基于竞争与合作结合的经营战略。竞合商业模型建立在博弈论之上。

从前，一只乌龟和一只兔子在互相争辩谁跑得快。它们决定比赛分高下，选定了路线，就此起跑。兔子带头冲出，奔驰了一阵子，眼看已遥遥领先，心想，它可以在树下坐一会儿，放松一下，然后再继续比赛。兔子很快就在树下睡着了，而一路上笨手笨脚走来的乌龟则超越兔子，完成比赛，成为货真价实的冠军。等兔子一觉醒来，才发觉它输了。兔子因输了比赛而备感失望，为此它分析根本原因。它很清楚，失败是因它太自信、大意，以及散漫。如果它不自认一切都是理所当然的，乌龟是不可能打败它的。因此，它单挑乌龟再来另一场比赛，而乌龟也同意。这次，兔子全力以赴，从头到尾，一口气跑完，领先乌龟好几千米。这下轮到乌龟要好好检讨，它很清楚，照目前的比赛方法，它不可能击败兔子。它想了一会儿，然后单挑兔子再来另一场比赛，但是在另一条稍许不同的路线上。兔子同意，然后两者同时出发。为了确保自己立下的承诺——从头到尾要一直快速前进，兔子飞驰而出，极速奔跑，直到碰到一条宽阔的河流。而比赛的终点就在几千米外的河对面。兔子呆坐在那里，一时不知怎么办。这时候，乌龟却一路姗姗而来，进入河里，游到对岸，继续爬行，完成比赛。这下子，兔子和乌龟成了惺惺相惜的好朋友。它们一起检讨，两个都很清楚，在上一次的比赛中，它们可以表现得更好。所以，它们决定再赛一场，但这次是同队合作。它们一起出发，这次是兔子扛着乌龟，直到河边。在那里，乌龟接手，背着兔子过河。到了河对岸，兔子再次扛着乌龟，两个一起抵达终点。比起前次，它们都感受到一种更大的成就感。

兔子和乌龟就是竞合，既有竞争又要合作。

企业的经营活动必须进行竞争，也有合作，是一种合作竞争的新理念。它强调合作的重要性，有效克服了传统企业战略过分强调竞争的弊端，为企业战略管理理论研究注入了崭新的思想。同时，利用博弈理论和方法来制定企业合作竞争战略，强调了战略制定的互动性和系统性，并通过大量的沙盘推演进行博弈策略分析，为企业战略管理研究提供了新的分析工具。合作竞争战略管理理论的核心逻辑是共赢性，反映了企业战略要以博弈思想分析各种商业互动关系、与商业博弈活动所有参与者建立起公平合理的合作竞争关系为重点。

企业的竞合联合了若干企业的优势，共同开拓市场、参与市场竞争，增强了企业在市场上的竞争力。具体来说，竞合有如下效应：

一是规模效应。竞合使企业实现了规模经济。首先，单个企业各自的相对优势在竞合的条件下得到了更大程度的发挥，降低了企业的单位成本；其次，合作使专业化和分工程度提高，对合作伙伴在零部件生产、成品组装、研发和营销等各个环节的优势进行了优化组合，放大了规模效应；最后，企业通过合作制定行业技术标准，形成了标准化系统，延长了外部合作面。

二是成本效应。竞合降低了企业的外部交易成本和内部组织成本。企业通过相关的契约，建立起稳定的交易关系，降低了因市场的不确定和频繁的交易而导致的较高的交易费用。同时，由于合作企业间要进行信息交流，实现沟通，从而缓解了信息不完全的问题，减少了信息费用。合作企业间的信息共享，也有助于降低企业内部管理成本，提高组织效率。

三是协同效应。竞合扩大了企业的资源边界，不仅可以充分利用对方的异质性资源，而且可以提高本企业资源的利用效率。此外，竞合节约了企业在资源方面的投入，减少了企业的沉没成本，提高了企业战略的灵活性，通过双方资源和能力的互补，产生了“1 + 1 > 2”的协同效应，使企业整体的竞争力得到了提升。

四是创新效应。竞合使企业可以近距离的相互学习，从而有利于合作企业间传播知识、创新知识和应用知识，同时也有利于企业将自身的能力与合作企业的能力相结合，创造出新的能力。此外，合作组织整体的信息收集、沟通成本较低，可以更加关注行业竞争对手的动向和产业发展动态、跟踪外部技术、管理创新等，为企业提供了新的思想和活力，大大增强了企业的创新能力和应对外部环境的能力。

2. 打造竞合领导力

所谓竞合领导力，就是既懂得斗争又懂得妥协，相互依存和平共处。开放、妥协、相互依存，这是中国人的生存哲学。这个时代要求企业家也应具备竞合意识，向竞争对手学习，和竞争对手合作，在合作中产生新的价值增长点，在合作中发现新的发展机遇。

都说带好团队搞定下属是很不容易的；都说影响上级或向上管理是更难的。其实，平级关系的处理、平级合作的展开，才是竞合领导力中最“见颜色”的那个界面。尤其是这种情况下，平级关系更加微妙而难处。

能在竞争关系中胜出的，竞合领导力应该不低，但更高境界的情商很可能是：懂得差异化的竞争、能把竞争推动为“竞合”。也就是说，以全局角度、超越组织界定的规则来看问题，以超脱的心态面对竞争，以欣赏和感恩的心态面对其他平级同事。并在此基础上，根据自己的特点，发挥自己的独特优势，主动地和其他平级同事合作，寻找共同的利益诉求点、化解利益冲突点，找到竞合的模式，谋求共赢，给组织和平级同事都带来更大的价值。

“灰度领导力”之融合领导力

融合的智慧和理念，其实早就存在于我们中华民族的智慧之中，其融合哲学和融合思想，应该是很容易被现代人所理解和接受的。在全球一体化的今天，中国企业必须走出去，在更大的国际市场中寻求发展，而融合领导力可能成为企业跨越世界的一个好机会。理解融合的真正内涵，打造融合领导力，正是时代所需。

1. “融合”的内涵

融合旨在创新。融合是将各种创新要素通过创造性的融合，使之互补匹配，使整体功能发生质的飞跃，从而创造出新的系统，形成独特的不可复制、不可超越的核心竞争力。融合的关键在于文化，只有从文化层面融合，才能实现真正的融合。

文化融合是一个使具有不同特质的文化通过相互间接触、交流沟通进而相互吸收、渗透、学习，融为一体的过程。在杨元庆的领导下联想就渡过了文化融合这一难关。

多年前，曾有一家公司的CEO站在总部的前厅中，佩戴印有“你好，我的名字是……”的标牌，与从大门走进来的每一名员工握手。这是联想的两位高管——多元总监友兰达·康耶丝和全球人力资源主管乔健所著的新书《联想之道》中所描述的一个场景，这就是个人电脑制造商联想集团的总裁杨元庆在1999年所做出的举动。这本书详细记录了联想从典型的中国公司转型为在60个国家拥有分公司的跨国公司巨头的过程，其实也就是文化融合的过程。

以前，联想的员工习惯称呼杨元庆为“Chief Executive Officer Yang”（首席执行官杨）或“杨总”，这是中国公司中常见的正式的上下级称呼方式。但是杨元庆认为，如此呆板的传统将会阻碍联想向国际化转型。有一个多星期，杨元庆和他的高层领导团队站在前厅，问候他们的员工，与员工握手和用本名进行自我介绍。乔健表示，尽管如此，还是有不少员工忌惮直呼上司的名字。为加快这个过程的进展，公司领导开玩笑威胁道，要对守旧的员工处以罚款。最终，玩笑成为了现实，但这也终于促成了目标实现。康耶丝和乔健共同著作的新书中写道，让联想员工的行为减少一些正式化是“一项艰难的推销”。这种主张平等的方式帮助了联想在国际上重新定位，为收购海外公司或与它们建立合作打下了基础。

仅仅告诉员工改变他们的称呼方式是远远不够的。正如二人所提到的，企业文化的改变是一个缓慢而不平坦的过程，往往由一些微小的改变所引导。对联想来说，这意味着在公司美国分部的会议上同时提供茶和咖啡，以满足中国经理人的期望并提醒员工更注意中西方交流中微妙的差异，如西方人习惯随意地插入别人的讲话，而中国人则倾向于等待对方说完后再发言。

联想为人力资源部、战略部和研发部等部门的高层领导人和员工开设了一项名为“东方遇上西方”的为期两天的跨文化培训课程。如今随着联想集团全球化的进一步扩张，课程也被改名为“跨文化管理”。集团的5.4万名员工中已有几千人参加了培训。

2005年收购了IBM（国际商业机器公司）之后，联想成为了世界出货量第一的PC销售商。时至今日，联想的转型仍然没有结束，它正向备受消费者青睐的移动设备领域进军。2014年1月30日，联想正式宣布以29亿美元的价格收购摩托罗拉移动业务。据悉，该项交易进展顺利，有望在年内完成。此外，联想对IBM低端服务器的收购目前也在进行中。

正如书中所写：“完成的每一次新收购都是新一轮文化融合过程的开始。”联想企业文化转型的道路还没有结束，每一次收购都离它的全球化目标更近一步。

现在联想所有的高层开会文件全部是英文，还有适应合作和共事的外国人的思维方式和行为方式等，这些跨文化的东西要求领导者要适应，并且还要求能掌控，这就需要提高跨文化的融合领导力。

2. 打造融合领导力

融合不是一个思想、不是一个技能、不是一个口号，而是一个长期的修炼过程。在这个过程中，你会不断完善自己的人格，完善自己的融合能力。

（1）打造融合领导力，需要突破独裁

中国的企业家大多是独裁型的，有“王者风范”。但是，在现代的市场环境中和以后长久的竞争环境中，独裁型是要大批失败的。他们的失败就是企业的失败。只有放弃独裁，走向融合，企业才会因为你的融合而伟大！融合层次的企业家，会将一切看成是一个系统，有很强的思维突破能力。系统思维在于，你本人的定位是什么？你企业的定位是什么？

（2）打造融合领导力，需要融合团队

一个融合的团队有以下几个特征：一是融合的团队精神。企业老板和团队都有一个共同的认识，他们都是团队的一员，而不是全部。就像NBA的球队一样，一个人再强大，也打不过一个好的球队。二是融合的团队角色。每个人在团队里的角色不一样，但一定要互补。一个融合的团队，有各种互补的能力。三是融合团队流程。融合团队一定有个好的流程，他们能应对各种情况。聪明的读者在本书中可以悟到一些融合修炼方法，有助于融合流程的建设。

（3）打造融合领导力，需要创造融合文化

一个融合的企业必须有一个融合的企业文化做支撑。有融合文化的企业，会有很大的弹性，不会因为内部或外部的一些变化而手足无措，他们会有种种能力和办法应对很多的挑战。甚至，他们会创造适合自己的环境，使他们能永续经营、基业常青。简单地说，一个融合文化有下列特征：一是融合的企业使命。这个企业使命，是一个崇高的企业灵魂，能触动每一个人的心弦，有强大的号召力。二是融合的企业愿景。有非常震撼人心的愿景，将每个员工的心系在一起，为这个共同的目标而奋斗。三是融合的企业核心价值观。有非常吸引人和指导性高的价值观，使员工的行动保持高度一致。这些东西组成了企业的基因体系，有了这些基因，加上不折不扣地贯彻和执行，就会有融合的企业。

（4）打造融合领导力，需要善于合作

融合领导者善于合作，他们将“合作产生效益”作为一个根本信念。他们将事业看成是合作的必然：与客户合作，与供应商合作，与团队合作，与员工合作，甚至与竞争对手合作！这种合作的信念使他们注意不断组织资源，为他们的事业所用。还有，他们会注意解决冲突，因为冲突是合作的大敌。所以，从某个角度来讲，融合领导者是合作组织者和冲突解决者。在冲突来临时，融合领导者特别注意用融合的方式来解决问题，达到共赢。同时，还可能使其中的个人得到突破，从而得到较大的提高。

总之，融合是个长期的修炼过程，它应该在你的灵魂中，在你的血液中。只有你本身拥有了融合，并成为融合型，你才可能真正达到融合。

“灰度领导力”之真实领导力

“真实型领导”是借用国际管理学界的一个词，简单来说，它主要指领导者要有掌控自我、自我要求进而能协调、驾驭外部复杂要素的一

种能力。在新的管理环境下，真实领导意味着在驾驭复杂要素时既包容、妥协、平衡，又能总体掌控的一种能力素质。

1. “真实”的内涵

领导的“真实”有4个维度：自我意识、信息平衡处理、内在道德观点和关系透明。自我意识，是指一种对于自我长处、短处和多面性特征的认识，其中包括深层了解展现于他人面前的或是被他人认识到的自我。信息平衡处理，即指领导者在做决策之前能够客观地分析所有相关数据，同时也会征求意见，以挑战根深蒂固的思想。内在道德观，即诚信行为，这种行为不是由组织或社会的压力所造成的，而是由内在道德标准和价值所引导的，它直接导致与内在价值相一致的决策和行为。关系透明，即给他人展现一个诚信的自我（而不是假的或扭曲的），这样的行为能够促进相互间的信任，包括信息共享和表述自己的真实想法和感受。

结合今天中国企业的生存环境，上述4个维度有了新的内涵：自我意识，要求企业家深刻地认识到，我是谁、我的问题在哪里。人是最难认识自我的，对自我的认识程度决定了修养深度；信息平衡处理，是指在信息日益透明、对称的时代，领导者要更重视建立规则，并能平衡处理相关利益者的价值问题；内在道德观点就是我们所提倡的，企业家越是在面临各种错综复杂的矛盾时，越是要回归企业本位、坚守价值立场和价值底线，坚守内心道德诉求，且要做到言行一致；关系透明则要求领导者与客户、顾客、内部员工等价值链上的各个相关者建立透明的关系，把机制制度放在阳光下，在组织内部营造透明决策、民主决策的氛围，以激发组织内在活力，并能把握住节奏。

真实型领导是根据不同的环境采用不同的领导风格的领导。真实型领导意味着做好自己。这样的领导既善于展示自己的独特之处和优势，又会适当地暴露自己的缺点和不足，他们能在不同的关系情境中展露自己不同的侧面。领导力就是激励别人取得更大的成就。而员工更愿意被一个真实的人所激励，而不是一个经理、一个官僚机构，或者一个职务、一个符号。

2. 打造真实领导力

新一代的员工只有在真正的领导下才能最有效的工作。这里给出打造真实领导力的真谛，希望对于那些想要在信任和相互尊重的环境下提高生产力的领导者有参考价值。

（1）打造真实领导力，请认清你们自己

拥有自我认知的力量是通向自我确定性的第一步，知道你自己的长处和短处，以及你最适合做的事情。自我认知是你能更完全地明白为什么人们做或不做你希望或要求他们做的事情。

（2）打造真实领导力，要充满正能量

用你独特的能量去生活、去表达、去成就和连接。是兴奋和积极性，它可以激发大家的动力。你的流露可以激发你的员工内在的能力和多样性。

（3）打造真实领导力，要有更高的价值追求

弄清并且传达你主要的核心价值。用你的价值去做更明智、有效的选择，并且用它引导你的文化。

（4）打造真实领导力，要设立目标和愿景

你企业的成功取决于你对自己的愿景是否有清晰的认知和与别人交

流。清晰的愿景可以汇聚团队，提供更有效的沟通渠道，并且帮助减少如办公室政治、推卸责任、互相指责、评判别人等效率低下的行为。

（5）打造真实领导力，要注意自己的阴暗面

意识到自己的恐惧，有限的信仰和消极情绪。这些都会成为你通向成功的路障。在生活与工作中遇到意外的挑战能够迅速恢复，不失尊严，并且把不良后果最小化。

（6）打造真实领导力，要谦虚地和他人接触

做真实的自我，和别人开放，并且密切地分享你自己。创建可以使大家茁壮成长的安全、信任、关爱的环境。信任和安全的工作环境可以使人们没有负担，并且让他们产生最佳的创意、工作和反馈。

（7）打造真实领导力，要自觉地选择、创造、评估和发展

意识是实现真实性的关键。与时俱进可以使你做出最佳的决策，对做事情的新方法保持开放的心态，从经验中学习和成长，创建一个为大家持续学习和提高的环境。

总之，真实的领导具有清晰的自我意识，能够进行信息平衡处理，具备内在道德观点，做到关系透明。当你具备了真实领导力，你就会在员工中产生普遍的共鸣，从而提高生产力并且推进合作，减少失误和硬性管理。

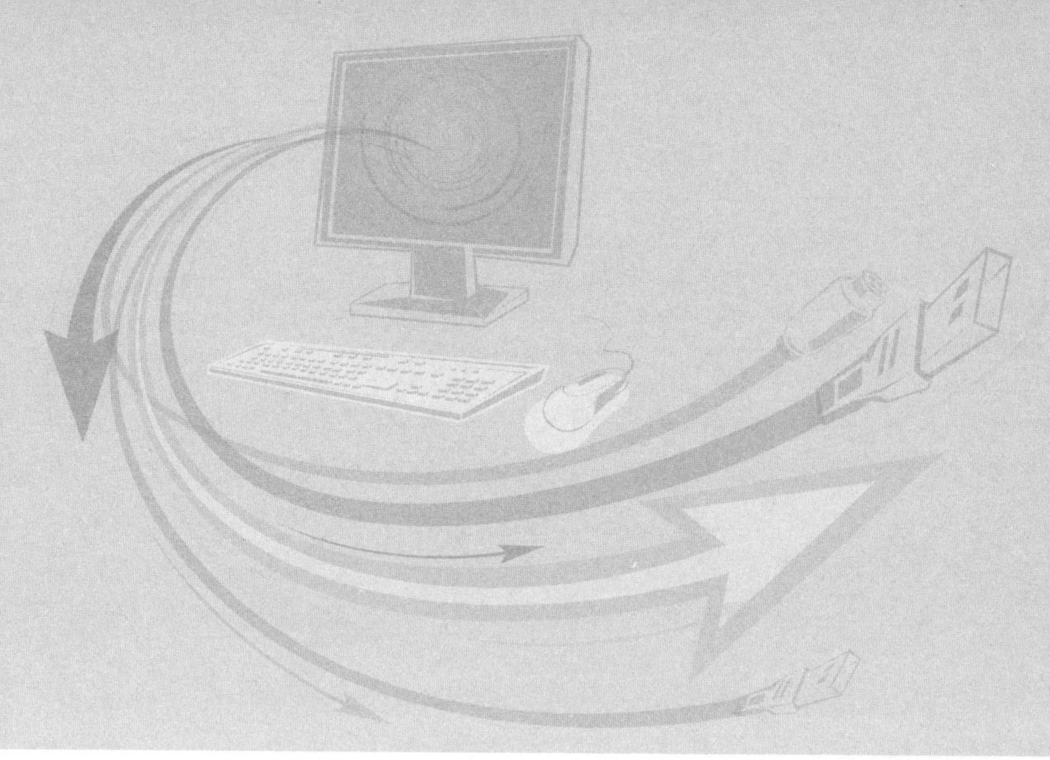

第七章

互联网企业打造领导力经典案例

关注领导力案例分析领域的实践和动态，是提升新领导力的有效学习途径之一。在本章中，我们选取阿里巴巴的企业文化与管理、百度的五级领导力、腾讯的创新应用、华为的“灰度领导力”4个经典案例，使你既可体验鲜活而精彩的领导力案例分析，聆听专家对领导力案例分析难点问题的解答，又可掌握实用工具，并紧扣前沿，与广大经理人和精英切磋领导力案例分析之道。

“阿里人”：企业文化与管理就是阿里巴巴的生命

阿里巴巴从由18个人初创的电子商务公司，到现在已经成长为一家横跨电商、金融、无线通信等多种业态的“产业生态圈”，旗下坐拥10余家子公司，而其眼中最重要的资源——“阿里人”（员工）已经扩容到2.4万人。与此同时，阿里作为行业“搅局者”和“颠覆者”的形象却愈加鲜明，其“开放、创新”的文化标签也日益深入人心。

1. 文化为工：主张开放与分享

2013年9月10日，阿里巴巴宣布成立网络通信事业部，由“旺信”和“来往”组成，9月23日即对外推出新一代即时通信软件“来往”，成为其成立网络通信事业部后第一次产品的升级亮相。

台前精彩亮相，幕后还有一段鲜为人知的故事，据阿里人力资源副总裁卢洋回忆，无线业务团队刚刚成立的时候只有20个人，在这种情况下如果要提升到事业部，仅靠外部招聘是不现实的，因此当时的策略就是从各个子公司快速抽调，结果仅仅一个礼拜的时间，100个人就从各个业务部门集结完毕，而且前提是充分尊重了业务主管以及员工的个人意愿。“如果整个公司的文化是纯业绩导向的话，那么山头主义的事情就很容易发生，每个部门都只考虑个人利益得失，那么成熟业务对新业务的自发支持是很难实现的。”卢洋说。正是基于阿里巴巴的文化土壤，新兴业务才能迅速成行，否则集团业务越复杂，内部协同性就越难以实现。

文化建设一直是阿里巴巴发展的重中之重，2001 年，强调“简单、激情、开放”等价值观的“独孤九剑”在阿里内部被奉为圭臬；2003 年，阿里巴巴更是“争议性”地把价值观纳入到绩效考核体系中来，而且占到 50% 的权重，甚至有时候会更加畸重。在阿里的招聘历史上曾多次出现由于价值观冲突而把一些精英人才拒之门外的案例，依照卢洋的话来说，原因就是“如果跟我们价值观不相吻合，一个人能力越大，那么进来之后对组织的破坏力也就更大”。

其实，阿里巴巴的文化很简单，与互联网的基因一致，就是开放、分享。在卢洋看来，这种企业文化不仅能够应对由于业务持续庞杂所可能引发的“大组织病”，而且能够保证一些有利于公司发展的先进制度得以真正实施。为了激发员工工作的自主性，优化体系内的人力资源流转，阿里巴巴对转岗制度做了调整：以前都是部门主管点头之后员工才可以转换工作，如今只要接收方同意，原部门主管就要无条件放行。

也正因此，在瞬息万变的互联网环境下，在多个行业掀起变革的阿里巴巴持之以恒的就是企业文化。

2. 即使是“毒草”，也让它长在阳光下

“强大”的企业文化如何才能摆脱被束之高阁的尴尬，成为有效的管理工具？阿里巴巴（以下简称阿里）的策略是虚事做实，也就是通过各种形式设置、各种程序动作使员工能够看得见、感受得到、理解得了。

“阿里味儿”就是阿里强化企业文化的一个阵地。事实上，许多公

司都不乏这样的设置，但是阿里的这个内网却有不一样的味道。在这上面，员工可以直言部门主管的待遇不公，可以质疑公司的某项政策规定，甚至是集团高管走马上任也会被反对“围攻”。用阿里一位员工的话来说，可以讨论任何事情而无论层级，发表任何观点而不论对错，即便是高管的观点也经常被员工“减芝麻”（“减芝麻”表示不同意）。

在阿里的历史上，一位被高管辞退的员工发帖历数前者的不公正，帖子发布后引发了大量同事“一边倒”的声援，但随后高管及时回应，说明原因和意见，也获得了跟帖支持，最终在两方意见“针锋相对”的情况下，由 CEO 陆兆禧出面，把 HR（人力资源）的负责人、当事员工和主管都叫到一起公开讨论，而且现场情况同步直播给所有员工。

在阿里的另外一个安排中，项目推进以“共创会”的形式进行，“可能老板本身就有想法了，但还是要先把问题抛出来，让大家共同参与，经过几轮之后形成的结论，有可能跟老板最初设想相同，也有可能优于最初的想法。”上述员工介绍说，“这样带来的好处就是，由于是大家共同参与得出的结果，因此员工对项目的理解，包括项目未来的执行上都会更顺利。”

正是这些做法使得阿里开放、透明的企业文化被员工真正地接纳和吸收，有效地激发了员工的创新能力。

价值观的量化就是“做实”的有效的路径，阿里广为人知的“六脉神剑”很简单，即客户第一、拥抱变化、团队合作、诚信、激情、敬业，但每一项都有具体的解释和详细的内容，而且与绩效考核能够一一对应，比如“激情”一项就定义为“乐观向上，永不放弃”，这包括 5 个方面：喜欢自己的工作，认同阿里巴巴企业文化；热爱阿里巴巴，顾全大局，不计较个人得失；以积极乐观的心态面对日常工作，碰到困难和挫折的时候永不放弃，不断自我激励，努力提升业绩；始终以乐观主义的精神和必胜的信念，影响并带动同事和团队；不断设定更高的目标，今天的最好表现是明天的最低要求。前述员工介绍："1 分的激情是什么样的，6 分的激情是什么样的这些都有具体细则，在做绩效考核的时候，员工就要依次举出自己的工作案例来跟考官说明。"

尽管有了丰富的延展和充分的考虑，但是工作中的复杂性不是有限的文本所能涵盖的。阿里的管理者定期会跟员工做工作复盘，届时就可以针对价值观的具体细则"有章可循"，沟通中往往会发现双方对某一方面的认知是不同的，而这才是阿里认为最重要的。类似的方式不胜枚举。

3. 收放自如：管理不是一种控制

对于阿里而言，一切规章和制度的出发点是"调动每一个人的积极性和创造性，使员工的能量能够最大化地释放出来"。不过另一个问题随之而来，解放员工是否跟管理是天然相悖的？在当前的产业环境下，人力管理应该彻底地转换思路，这样才能形成全体员工的集思广益，避免单纯"顶层智慧"所带来的创新瓶颈。

阿里充分满足了员工的施展空间和创新冲动，"赛马"就是很好的一个例子，员工只要有好的想法和创意就可以提交到阿里的项目委员会，经过审批之后，员工就可以放手去做，集团会为其配备人手、资金，甚至还有期权，阿里很多好的项目都是通过"赛马"成立的；在阿里的历史上，就有刚刚转正的员工提交的项目脱颖而出，之后扩容成五六十人的团队，闯入该领域内全国第一梯队。

阿里不仅鼓励员工的自由创作，而且对此给予极大的耐心和包容，这样的政策并没有职位大小高低之分。

“放任”的结果往往带来意想不到的惊喜，有些案例甚至让阿里内部员工也有点难以置信，比如，刚刚入职的一位员工“不务正业”，耗时 8 个月痴迷于与自身业务关联不大的技术难题，部门主管也欣然接受，而这对于双方来说都是一种“冒险”：员工毫无突破，高管难辞其咎。但最终，员工的技术方案被纳入全球性的技术标准里。这些只是企业培养员工的基本动作，而更关键的在于员工自主性的培养，阿里的整个制度是鼓励创新，而且是容错的，给员工一定的空间，实战中的磨炼对其成长是最有帮助的。员工在这个过程中，享受到成就感，享受到成长的快乐。

这使得阿里文化中所强调的“快乐工作”成为可能，不仅是小的制度安排，在整个晋升体制上，阿里也同样奉行“自由”原则，比如，阿里员工的晋升并不是由主管决定，而是结合一年的工作情况自己来判断决定，如果认为自己到了晋升的某一个层次和水平就提交晋升申请，由各个部门的资深同事来进行考核，员工做述职报告，评委来投票决定。

4. HR 坐镇：2/3 出自业务部门

阿里巴巴的文化管理之所以成型，是一系列的体制和制度共同作用完成的，而在这个体系中，HR 扮演着极为重要的角色，可以说，阿里巴巴的 HR 是其文化管理的操盘手。

不同于很多公司中 HR 的定位，阿里的 HR 属于一个战略性的部门，其角色定位简单地概括为四点，就是 HR 跟业务在一起，能够成为业务的伙伴，能够伴成长，能够推文化，能够促沟通。要达到这样的预期，HR 就必须能够熟悉和了解部门业务和员工的需求，因此阿里的 HR 团队构成也很多元化，500 多人中的 2/3 来自于技术、产品、运营等各个业务部门，而只有少数是专业的HR出身。这样的HR能把阿里的“家事”料理得细致周密，小到日常文娱，大到晋升庆祝，HR都能体贴入微地考虑到员工的需求。阿里每年的“家书”计划会给所有员工的家属寄出一份个性化定制的期刊，其上详细介绍了该员工一年的工作情况；而在阿里设定的“一年香，三年醇，五年陈”的员工成长轨迹中，部门也会在关键成长时期第一时间为员工送上鼓励，比如到第五年的时候，HR会提前发邮件提醒部门主管，后者会像庆祝生日一样为员工做准备。

在“人性化管理”之外，阿里的HR也不乏铁腕的角色。可以说，除了大部分公司HR的常规动作，阿里的HR责任更重，首先要在面试中对员工的价值取向进行严格审核，避免发生“用人部门急于开展工作而忽略价值观考察”的情况；在日常业务开展过程中，阿里的HR也有一个特殊的设计，会给各个业务部门配置专人，进行现场督导巡视：跟员工谈心交流，查看是不是存在文化上的问题，使组织符合阿里的方向发展。正如前述员工所比喻的，阿里的HR就像毛细血管一样，深入到每一个业务。

由上可以看出，正是阿里的企业文化使阿里能够跨业态掀起一场革命，甚至可以说，处于如此庞杂的产业生态中，这样的企业文化与管理就是公司的生命。

百度：五级领导力

2014年5月28日，清华大学经管学院舜德楼401教室已基本座无虚席。和往常不同的是，一大早已在座位上等待的不是普通学生，而是平日里在讲台上传道授业的商学院院长们。他们等待的演讲者，则是百度创始人李彦宏。

李彦宏是中国最负盛名的企业领袖之一，曾多次被美国《商业周刊》和《财富》等杂志评为“全球最佳商业领袖”和“中国最具影响商界领袖”。李彦宏领导的百度，与中国主流的制造型企业不同，拥有信息经济时代的核心技术，并汇集了中国最优秀的技术和管理人才，代表中国的未来。目前，百度已成为北京大学、清华大学这样的一流高校毕业生最大的企业雇主，百度的核心管理团队中既有内部提拔的优秀人才，也有加盟自著名跨国公司的精英。业界对于李彦宏是如何驾驭这样的人员框架，引导百度进行管理创新，不断应对互联网产业变化挑战一直非常关注。

1. 百度“五级领导力”管理首度曝光

在清华大学经管学院舜德楼，李彦宏向在场院长们介绍，他把百度的管理团队分为五级，从最低的团队领导到最高管理层，每一层级均有明确的能力素质评价指标。“其中，任务分解与专注的能力是百度所有层级领导者都必须具备的两项素质。”李彦宏表示，任何一个宏大的目标，都需要被加以合理分解，进而逐项攻克实现；而想要在不断变化、充满竞争的产业环境中胜出，则必须专注如一。任何一级领导，在不同环境下同时也是被领导者，我们要求被领导者适应企业文化和价值观，具有投身专业的精神和决心，同时具备学习能力，通过不断自我改善成为专业领域中的佼佼者。

2. 李彦宏解说“五级领导力”

就百度“五级领导力”，李彦宏进行了特别解说。在李彦宏看来，第五级领导必须能够做到以下 4 点：第一，洞察行业趋势，“要能看到一到两年后的市场变化，并不断问自己同样的问题，一旦答案相同，说明你已经落后了”；第二，果断把握市场机会，“一旦得出了推论就要立刻着手解决，而且要比其他所有人都做得好”；第三，极强的沟通技巧，“善于影响、发展、推动、改变、激励他人，营造良好的工作氛围”；第四，在复杂多变的情况下，通过一系列综合思考的决策技巧，应变式地找出或开发新的解决方案。他将这 4 点提炼为“分析性”“评鉴性”“阐释性”和“创造性”4 个方面，在这样的综合思考下做出关键性的判断和决策。

“我每天至少要把 1/3 的时间花在人才培养和管理上。”李彦宏表示。随着百度的发展，企业战略工作千头万绪，但他还是把更多的精力投入到企业管理战略团队和领导力建设上，这是确保百度继续保持成长势头和正确方向的关键性工作。

从百度五级领导力的划分中可以看出，领导力差别造就了人际影响力、所能控制事业规模及复杂性、可能创造事业成果的差别。领导力的打造需要一个过程，领导者的成长并不是一蹴而就的。虽然不是所有卓越领导者都是从第一级领导力开始，但大多数卓越领导者都需要逐步修炼，不断攀升领导力，最后向卓越迈进。

腾讯工程师：人人都是产品经理

创造力不只体现在创业者身上。环顾国内外的互联网企业，内部创新、改进和优化都是其保持活力和竞争力的关键。现在，我们要看看腾讯的产品经理和工程师给产品增加了哪些有趣的创新体验。

对于绝大多数网友来说，产品开发是一件很神秘的事情。那些“天书”般的代码经过程序员、工程师们的双手敲击，就能产生各种奇妙的画面和有趣功能。从用户的角度看，产品一直都是稳定而简洁的。其实，工程师们的工作没那么复杂。他们就是要把创意变成产品，把复杂变成简单，把需求变成实现。只要肯努力，每个人都可以是自己负责这段代码的产品经理。那么接下来，我们选取9个腾讯工程师有趣的创新应用案例，有些会带给你灵感，有些会带给你方便。

1. 创新应用之一：“摇一摇搜歌”和“听歌识曲”

逛商场时想知道广播里好听的歌是什么？听到音乐想跟着唱，想不起歌词怎么办？这些问题可以通过微信“摇一摇搜歌”和QQ音乐“听歌识曲”解决。之所以把这个应用放在第一位，不是因为它的创意多牛，而是它的用户体验太好。

事实上，很多人在尝试之前，对这类应用的识别度和曲库的完整性信心不大。为了测试，当特别选了一首老歌比如《年轻的朋友来相会》，打开微信“摇一摇”，按下音乐按钮，晃动手机，几秒钟后，音乐和歌词都出来了。之后又测试了几首，发现很顺利。腾讯公司高级副总裁张小龙对此应用的评价是：“改变了音乐搜索的交互。”

据悉，2015年春节前发布的微信4.5版“摇一摇搜歌”以及手机QQ音乐3.2、3.3版的“听歌识曲”就已经提供了这一功能。市面上其实早已有类似的音乐识别应用（有些还是收费的），但对中文歌曲的识别成功率都没有达到满意程度。腾讯工程师们为微信和QQ音乐开发的这两个功能，在歌曲库、识别度、网络利用率和易用性上都达到了很

高的标准。

2. 创新应用之二："语音提醒"，喊你回家吃饭

"语音提醒"同样是基于微信开发的功能，而且，它被使用的次数要比"摇一摇搜歌"和"听歌识曲"更高。它是一个以微信公共账号身份出现的生活助手。当你需要设置提醒的时候，通过语音告诉这个公共账号提醒时间以及事项（仅限语音输入），比如对它说"五分钟后提醒我打个电话"或者"提醒我明早8点起床"，这个公共账号就会使用语音回复你："没问题，×××时间准时提醒你。"同时聊天窗口也会出现类似闹钟的提醒界面。

你觉得这个功能很简单？是的，它一点也不复杂，简单到令人发指。但正是这样的一个创新应用，摒弃了众多语音助手类应用中鸡肋烦琐的"打情骂俏"，保留了最切实的需求实现。

由简入繁易，由繁入简难。这个应用的创新之处在于，它足够简单，同时又足够好用。张小龙评价："做好一个实用点（的应用），比做一个大而全的siri更重要。"

3. 创新应用之三："笛音传歌"，好友之间分享音乐

如何把你喜欢的歌曲分享给好友？"笛音传歌"创造出一种更快捷的方式。只要轻轻一点你要分享的歌曲，一阵笛音飘过，在你旁边的人就能收到这首歌。不用说话，不用打开蓝牙，不用登录社交平台，它的原理是通过笛音对音乐进行编码，然后对方手机对笛音解码，最终在QQ音乐平台上映射出对方传递的歌曲。

如果你发现创新很难的时候，也许这个应用会告诉你：创新其实就是需求。

4. 创新应用之四："水印相机"，随时记录生活

"水印相机"是一个很文艺的应用，用图片记录生活里的点点滴滴。在产品介绍里，主创团队用了"让用户分享的照片会讲故事"这样一个设计主题。"水印相机"随手机 Qzone3. 5 版本（一个个性空间）一同发布，用户可以通过各种生活化的模板来制作独一无二的图片，记录此时此刻的心情和想法，当此时此刻变成了彼时彼刻，这些图片就成为了记忆的载体，一本生动的故事书。

"水印相机"之前主要用于记录当前地理位置与天气，手机 Qzone3. 5 版将其扩宽到生活场景，以"早安、我在这里"等生活中的场景模板引导用户通过水印相机来记录生活。根据 2014 年的数据，QQzone 中图片数量突破了 1500 亿张。这是一群最喜欢拍摄和分享的用户，所以，创新的关键在于，你要知道你的用户是谁。

5. 创新应用之五："智能自定义水印"，水印相机的进阶版

之所以把"智能自定义水印"这个功能单独提出来说，一方面是因为它值得一个单独的描述；另一方面，这个功能是水印相机在产品发布后的又一次更新中实现的，它告诉我们一个道理：创新是持续的。另外，创新没有大小之分。

在前面的"水印相机"版本里，实现了通过模板来丰富照片场景和内容的功能。而对于爱拍照的人来说，他们的需求还没有被满足——这

就是“智能自定义水印”被呼唤的原因。

比如，在餐桌上，爱拍美食的孩子们，你在拍照的那一刻，是觉得特别好吃，还是很难吃，或者只是一般般呢？新功能增加了美食打分模块，几颗星随你选，然后自动集成到照片里。又如，在高考前，熬夜复习的你，悄悄掏出手机，拍下来这个五月的夜里，台灯、书桌和写满了数学公式的演算纸——然后点击时间模块，根据设定好的主题，照片上会显示：距离高考还有 22 天。这是你奋斗的足迹。你轻轻地呼一口气，少年，将来的你会感谢现在的你。

类似的模块还有很多，相信未来会更多。

6. 创新应用之六：“智能人像分类”，人脸自动识别

“智能人像分类”这个应用实现的底层技术比较复杂，分别用上了各种各样的技术。

从前端看，想知道哪些含有自己的照片被上传到空间了，想找出自己很丑的照片，然后销毁掉；刚加了某个 QQ 好友，进到他 QQ 空间偷看，却发现为数不多的个人照被淹没在浩瀚的美食图里；QQ 空间相册的智能人像分类功能，给用户提供了一个按照人物分类的相册，当你希望找到某人照片时，直接进入该人的分类相册查看即可。经过几个月的技术攻关，人像管理相册 Alpha 版本终于上线了。

Alpha 就是“潜力股”的意思。这个应用虽然还没有走到最成熟的境界，但把它推荐出来，是因为腾讯该产品主创团队的工程师说：“也许有一天，你碰到一个美女，偷偷拍一张照片，然后，你就可以通过 QQ 向她 Sayhi（交友）了。”

追求美，是这个世界前进的动力。

7. 创新应用之七："跨屏穿越"，跨越设备传网页

不知生活中你有没有遇到这样的事情？手机看美剧，高潮时没电了，手忙脚乱地开 iPad，重新搜索拖进度；正在电脑上读一篇有趣文章，被同事叫去吃饭，一路上都在试图用手机搜出同一篇继续看……这时候，你会希望网页可以在多个设备间简单的传递。而这恰恰是"跨屏穿越"应用开发的需求所在。

"跨屏穿越"实现了在不同设备之间，通过 QQ 浏览器迅速传递页面的功能。其过程共分 3 步：第一步，点击 QQ 浏览器右上角的"跨屏穿越"按钮（手机端通过右上角菜单呼出）；第二步，选择要发送到的设备；第三步，打开另一台设备的 QQ 浏览器，就看到了穿越而来的页面。当然，第一次连接的时候，需要通过 QQ 号码或者二维码，在不同设备之间设置关联。

最新的消息是，这个应用还支持跨屏看视频，包括观看进度都可以同步传递。

每次跨屏穿越都会节省用户重新搜索、定位网页与视频的时间——我们不能延长生命的长度，但我们可以拯救被浪费的时间。

8. 创新应用之八："网页生成助手"，把邮箱变成公告平台

你是否有过这样的经历，想快捷地发布一个消息给你的微博粉丝，却碍于字数限制而不得不一再删减？想把一个邮件内容分享给多人，却不得不输入一个个收件人地址？"网页生成助手"的创新之处在于突破了传统邮件形式的束缚，把私密化的邮件平台与开放式的信息链接做了

很好的整合尝试。

在QQ邮箱的“写信”界面，右侧有一个“网页生成助手”按钮。点击，收件人栏就自动填充了这个家伙的名字。然后，把要发布的文字、图片放到正文里，点击发送。几乎是瞬间，收件箱里就会收到来自“网页生成助手”的自动回复，里面是生成的信息链接。这个链接是开放的，其他人不需要登录邮箱即可访问。同时，它也不破坏邮箱本身的保密性。

对于好友间聚会、公司内部公告，以及各种社交平台的内容分享，这个应用都是一个很好的第三方载体。和其他类似应用不同，“网页生成助手”的操作足够简单，呈现内容页仅仅是一个链接，而且，你的操作平台就是你的QQ邮箱，这比搜索第三方工具要更方便。

人们常常不会去刻意研究，一个应用比另一个好在哪里。但他们会倾向于更多地使用好的那一个。用户会用行动给你答案。

9. 创新应用之九：“秘拍”，随时随地保护照片

每个人心里都有秘密，我们常常把秘密藏在最下面，藏在所有一切的最后。今天分享的第九个创新——“秘拍”，就是关于秘密的。

如何把手机里的照片加密，不让其他人看到？答案有很多种，很多软件也提供了类似的功能，在相册里选择照片，然后加密。这个过程有一个天然的问题，用户需要从很多图片中挑选出要保密的，然后才能做下一步，而挑选恰恰是个比较费精力的操作。

能不能在拍下照片的那一刻就选择是否加密？这就是“秘拍”提供的功能，把加密的过程前置，放在拍摄的操作界面上。只需要点一下按钮，这次拍摄的照片就自动加密保存在手机管家里。只有输入手机管家密码才能访问。

“秘拍”改变了过去的图片加密方式，简化了加密操作的复杂性，以及事后加密可能存在的疏漏。

有人说这个应用很有用，但“最好别推荐给你的另一半”。这句话是调侃还是忠告，你自己领会。

华为：将“灰度领导力”作为管理者的必备素质

“灰度领导力”是人民大学的彭剑锋教授在《2015，人力资源新常态下的20个关键词》中提到的关键词之一，华为总裁任正非先生在几年前的文章中所阐述的道理正适合作为对此的注解。“领导力发展”是HR不可回避的任务，阅读这篇文章，一可省思自己的“灰度”水平，二可快速评判自己所在企业管理者的“灰度”水平，三可提醒自己在制定HR政策与方案时的“职业化”思维，避免“完美主义”陷阱。

下面，让我们一起来看看任正非先生的这篇文章——

华为的核心价值观中，很重要的一条是开放与进取，这条内容在行政管理团队的讨论中，有较长时间的争议。华为是一个有较强创新能力的公司，开放难道有这么重要吗？由于成功，我们现在越来越自信、自豪和自满，其实也越来越自闭。

我们强调开放，更多一些向别人学习，我们才会有更新的目标，才会有真正的自我审视，才会有时代的紧迫感。

1. 清晰的方向来自灰度

一个领导人重要的素质是方向、节奏。他的水平就是合适的灰度。

坚定不移的正确方向来自灰度、妥协与宽容。

一个清晰方向，是在混沌中产生的，是从灰色中脱颖而出的，方向是随时间与空间而变的，它常常又会变得不清晰，而并不是非白即黑、非此即彼。合理地掌握合适的灰度，是使各种影响发展的要素，在一段时间和谐，这种和谐的过程叫妥协，这种和谐的结果叫灰度。

妥协一词似乎人人都懂，用不着深究，其实不然。妥协的内涵和底蕴比它的字面含义丰富得多，而懂得它与实践更是完全不同的两回事。我们华为的干部，大多比较年轻、血气方刚、干劲冲天，不大懂得必要的妥协，也会产生较大的阻力。

我们纵观中国历史上的变法，虽然对中国社会进步产生了不灭的影响，但大多没有达到变革者的理想。我认为，面对他们所处的时代环境，他们的变革太激进、太僵化，冲破阻力的方法太苛刻。如果他们用较长时间来实践，而不是太急迫、太全面，收效也许会好一些，其实就是缺少灰度。方向是坚定不移的，但并不是一条直线，也许是不断左右摇摆的曲线，在某些时段来说，还会画一个圈，但是我们离得远一些或粗一些来看，它的方向仍是紧紧地指着前方。

我们今天提出了以正现金流、正利润流、正的人力资源效率增长，以及通过分权制衡的方式，将权力通过授权、行权、监管的方式，授给直接作战部队，也是一种变革。在这次变革中，也许与二十年来的决策方向是有矛盾的，也将涉及许多人的机会与前途，我想我们相互之间都要理解与宽容。

2. 宽容是领导者的成功之道

为什么要对各级主管说宽容？这同领导工作的性质有关。任何工作，无非涉及两个方面：一是同物打交道；二是同人打交道。

不宽容，不影响同物打交道。一个科学家，性格孤僻，但他的工作只是一个人在实验室里同仪器打交道，那么，不宽容无伤大雅。一个车间里的员工，只是同机器打交道，那么，即使他同所有人都合不来，也不妨碍他施展技艺制造出精美的产品。

但是，任何管理者，都必须同人打交道。有人把管理定义为“通过别人做好工作的技能”。一旦同人打交道，宽容的重要性立即就会显示出来。人与人的差异是客观存在的，所谓宽容，本质就是容忍人与人之间的差异。不同性格、不同特长、不同偏好的人能否凝聚在组织目标和愿景的旗帜下，靠的就是管理者的宽容。

宽容别人，其实就是宽容我们自己。多一点对别人的宽容，其实，我们生命中就多了一点空间。

宽容是一种坚强，而不是软弱。宽容所体现出来的退让是有目的有计划的，主动权掌握在自己的手中。无奈和迫不得已不能算宽容。

只有勇敢的人，才懂得如何宽容，懦夫决不会宽容，这不是他的本性。宽容是一种美德。

只有宽容，才会团结大多数人与你一起认知方向；只有妥协，才会使坚定不移的正确方向减少对抗，只有如此才能达到你的正确目的。

3. 没有妥协就没有灰度

坚持正确的方向，与妥协并不矛盾，相反，妥协是对坚定不移方向的坚持。

当然，方向是不可妥协的，原则也是不可妥协的。但是，实现目标过程中的一切都可以妥协，只要它有利于目标的实现，为什么不能妥协一下？当目标方向清楚了，如果此路不通，我们妥协一下，绕个弯，总比原地踏步要好，干吗要一头撞到南墙上？

在一些人的眼中，妥协似乎是软弱和不坚定的表现，似乎只有毫不妥协，方能显示出英雄本色。但是，这种非此即彼的思维方式，实际上是认定人与人之间的关系是征服与被征服的关系，没有任何妥协的余地。

“妥协”其实是非常务实、通权达变的丛林智慧，凡是人性丛林里的智者，都懂得恰当时机接受别人妥协，或向别人提出妥协，毕竟人要生存，靠的是理性，而不是意气。

“妥协”是双方或多方在某种条件下达成的共识，在解决问题上，它不是最好的办法，但在没有更好的方法出现之前，它却是最好的方法，因为它有不少的好处。

妥协并不意味着放弃原则，一味地让步。明智的妥协是一种适当的交换。为了达到主要的目标，可以在次要的目标上做适当的让步。这种妥协并不是完全放弃原则，而是以退为进，通过适当的交换来确保目标的实现。相反，不明智的妥协，就是缺乏适当的权衡，或是坚持了次要目标而放弃了主要目标，或是妥协的代价过高遭受不必要的损失。

明智的妥协是一种让步的艺术，妥协也是一种美德，而掌握这种高超的艺术，是管理者的必备素质。

只有妥协，才能实现“双赢”和“多赢”，否则必然两败俱伤。因为妥协能够消除冲突，拒绝妥协，必然是对抗的前奏；我们的各级干部真正领悟了妥协的艺术，学会了宽容，保持开放的心态，就会真正达到灰度的境界，就能够在正确的道路上走得更远，走得更扎实。

4. 坚决反对完美主义

什么是职业化？就是在同一时间、同样的条件，做同样的事的成本更低。市场竞争，对手优化了，你不优化，留给你的就是死亡。思科在创新上的能力，爱立信在内部管理上的水平，我们现在还是远远赶不上的。要缩短这些差距，必须持续地改良我们的管理，不缩短差距，客户就会抛离我们。

的确，我们要有管理改进的迫切性，但也要沉着冷静，减少盲目性。我们不能因短期救急或短期受益，而做长期后悔的事。不能一边救今天的火，一边埋明天的雷。管理改革要继续坚持从实用的目的出发，达到适用的目的。

我们从一个小公司脱胎而来，小公司的习气还残留在我们身上。我们的员工也受二十年来公司早期的习惯势力的影响，自己的思维与操作上还不能完全职业化。这些都是我们管理优化的阻力。由于我们从小公司走来，相比业界的西方公司，我们一直处于较低水平，运作与交付上的交叉、不衔接、重复低效、全流程不顺畅现象还较为严重。

在管理改进中，要继续坚持遵循“七反对”的原则：坚决反对完美主义；坚决反对烦琐哲学；坚决反对盲目的创新；坚决反对没有全局效益提升的局部优化；坚决反对没有全局观的干部主导变革；坚决反对没有业务实践经验的人参加变革；坚决反对没有充分论证的流程进行实用。

我们不忌讳我们的病灶，要敢于改革一切不适应及时、准确、优质、低成本实现端到端服务的东西，但更多的是从管理进步中要效益。我们从来就不主张较大幅度的变革，而主张不断的改良，我们现在仍然要耐得住性子，谋定而后动。

5. 因地制宜实事求是

西方的职业化，是从一百多年的市场变革中总结出来的，它这样做最有效率。穿上西装，打上领带，并非为了好看。我们学习它，并非完全僵化地照搬，难道穿上中山装就不行？

我们二十年来，有自己成功的东西，我们要善于总结出来，我们为什么成功，以后怎样持续成功，再将这些管理哲学的理念，用西方的方法规范，使之标准化、基线化，有利于广为传播与掌握并善用之，培养各级干部，适应工作。

只有这样，我们才不是一个僵化的西方样板，而是一个有灵魂的企业。看西方在中国的企业成功的不多，就是照搬了西方的管理，而水土不服。一个企业活的灵魂，就是坚持因地制宜实事求是。这两条要领的表现，就是不断提升效率。

我们从杂乱的行政管制中走过来，依靠功能组织进行管理的方法虽然在弱化，但以流程化管理的内涵还不够丰富。流程的上、下游还没有有效“拉通”，基于流程化工作对象的管理体系还不很完善。组织行为还不能达到可重复、可预期、可持续化、可值得信赖的程度。人们还习惯在看官大官小的指令，来确定搬道岔。以前还出现过可笑的工号文化。

工作组是从行政管制走向流程管制的一种过渡形式，它对打破部门墙有一定好处，但它对破坏流程化建设有更大的坏处。而我们工作组满天飞，流程化组织变成了一个资源池，这样下去我们能建设成现代化管理体系吗？一般而言，工作组人数逐步减少的地方，流程化的建设与运作就比较成熟。

我们要清醒地认识到，面对未来的风险，我们只能用规则的确定来对付结果的不确定。只有这样，我们才能随心所欲，不逾矩，才能在发展中获得自由。任何事物都有对立统一的两面，管理上的灰色，是我们的生命之树。我们要深刻理解开放、妥协、灰度。

参考书目

［1］陈朝益，王成．新领导力［M］．北京：机械工业出版社，2010.

［2］丁栋虹．领导力（企业家管理丛书）［M］．北京：清华大学出版社，2012.

［3］“中国企业成功之道”联想集团案例研究组．联想成功之道［M］．北京：机械工业出版社，2012.

［4］胡泳，郝亚洲．张瑞敏思考实录［M］．北京：机械工业出版社，2014.

［5］武彬．领导力：建立理想团队、成为卓越的领导者［M］．武汉：武汉大学出版社，2014.

［6］［美］马歇尔·戈德史密斯．高效经理人教练方法和培养细节［M］．北京：高等教育出版社，2004.

［7］［美］罗伯特·哈格罗夫，米歇尔·雷纳德．提升您领导力的教练［M］．北京：中国电力出版社，2007.

［8］［美］查兰．领导梯队：全面打造领导力驱动型公司［M］．北京：机械工业出版社，2011.

［9］［美］詹姆斯·M. 库泽斯，巴里·Z. 波斯纳．领导力：如何在组织中成就卓越［M］.5 版．北京：机械工业出版社，2013.

后　记
让领导力成为品牌

很多企业家可能都是成功的商人，而不是战略品牌的企业家。我们这个时代是一个品牌的时代，企业必须让领导力成为品牌。为此，在本书的最后，设立“让领导力成为品牌”这个标题，作为后记。

首先，要提出领导力的品牌宣言。领导力的品牌宣言，其内容应该是独一无二的，是别的公司所无法复制的。更为关键的是，通过一系列目的明确的具体领导技巧，比如卓越的执行力、团队领导力等，这个宣言要能够将公司的业务与顾客的目标整合在一起。提出这份宣言的目的在于，公司希望用户在对他们进行评价时，能将公司领导者特定的领导技能和行为考虑进来。因为这些用户对于公司的业绩增长发挥着至关重要的作用。

其次，要依据领导力品牌宣言评价领导者。企业必须依据领导力的品牌宣言来评价领导者的个人表现，才能断定他们是否符合宣言的要求。而宣言又是以用户的期望与目标为依据而制定的，因此，公司应该尽量从用户的角度来评价领导者，要看用户关心的是什么，而不是根据个别的管理者或公司生产什么产品来评估领导者。

最后，要追踪领导力品牌的长期成果。关注领导力品牌建设的积极作用就是能够建立不受个人因素影响的良好管理系统，而且能够使这一系统长期有效运作。公司培养优秀的领导人，并让优秀的领导人“毕业”，这样不仅为公司储备了丰富的领导接班人，同时也建立起优质管理的好名声，这正是领导力品牌的精华所在。此外，拥有强大领导力品牌的公司对于自家领导人才库的雄厚实力非常有信心，因此即使是损失了一位领导者，他们也会视为领导层变更的正面发展，而不像大多数公司那样视为负面危机。因此，对所培养出的领导者业绩的长期跟踪报道，也是企业建立自身领导力品牌的重要一环，这一步骤不仅成本低廉，而且非常具有说服力。

品牌不仅仅是一个 LOGO（商标），实际上是建立在价值认同基础上的信仰体系。如果能够切实遵照上述方法进行实践，那么我们的企业就能够创造出自己的领导力品牌。

作　者

2016 年 3 月